FORMATION PERMANENTE EN SCIENCES HUMAINES
Collection fondée par Roger MUCCHIELLI
et dirigée par Lionel BELLENGER

Marc DOVERO - Elisabeth GREBOT

W0389402

ENSEIGNER, FORMER CONSEILLER AVEC LA PNL

CONNAISSANCE DU PROBLÈME

Ouvrages publiés dans la collection
Formation Permanente en Sciences Humaines

SÉMINAIRES DE :
ROGER MUCCHIELLI

L'analyse de contenu des documents et des communications.
Communication et réseaux de communications.
Les complexes personnels.
La conduite des réunions.
La dynamique des groupes.
L'entretien de face à face dans la relation d'aide.
L'étude des postes de travail.
L'examen psychotechnique.
L'interview de groupe.
La méthode des cas.
Les méthodes actives dans la pédagogie des adultes.
Observation psychologique et psychosociologique.
Opinions et changements d'opinion.
Organigrammes et sociogrammes *(épuisé).*
Psychologie de la publicité et de la propagande *(épuisé).*
Psychologie de la relation d'autorité.
Psychologie de la vie conjugale *(épuisé).*
Psychosociologie d'une commune rurale *(épuisé).*
Le questionnaire dans l'enquête psychosociale.
Le travail en équipe.

BERNARD ADAM

Animer une étude analyse de la valeur. Guide pratique des procédés et des techniques efficaces.

ANNE ANCELIN-SCHUTZENBERGER

Le jeu de rôle.

BRUNO BARJOU

Savoir transmettre son expertise et son savoir-faire.

ROGER BAZIN

Développement personnel et entraînement mental.
Le nouvel esprit qualité. Une pédagogie pour enrichir le dialogue social et garantir une meilleure efficacité des entreprises.
Organiser les sessions de formation.

LIONEL BELLENGER

L'argumentation. Principes et méthodes.
La confiance en soi.
L'expression orale. Une approche nouvelle de la parole expressive.
Les outils du négociateur. Consulter, argumenter, réfuter [2].
Stratégies et tactiques de négociation [1].

LIONEL BELLENGER ET MARIE-JOSÉE COUCHAERE

Animer et gérer un projet. Un concept et des outils pour anticiper l'action et le futur.

PIERRE CAUVIN ET GENEVIÈVE CAILLOUX

Les types de personnalité. Les comprendre et les appliquer avec le MBTI (indicateur typologique de Myers-Briggs).

ALAIN CAYROL ET PATRICK BARRERE

La programmation neuro-linguistique (P.N.L.). Des techniques nouvelles pour favoriser l'évolution personnelle et professionnelle.

DOMINIQUE CHALVIN ET L'ÉQUIPE CEGOS-IPPSO

Les réunions d'expression des salariés. Les organiser, les animer et y participer.

DOMINIQUE CHALVIN

L'affirmation de soi.
Autodiagnostic des styles de management. A l'usage des cadres et des dirigeants.
Faire face aux stress de la vie quotidienne.
Les nouveaux outils de l'analyse transactionnelle. Pour développer l'énergie des individus et des organisations [2].
Les outils de base de l'analyse transactionnelle. Pour développer l'énergie des individus et des organisations [1].
Utiliser tout son cerveau. De nouvelles voies pour accroître son potentiel de réussite.

GÉRARD CHANDEZON ET JOEL SALOU

L'insécurité. Comprendre les risques de la vie quotidienne et y faire face.

JACQUES CHAUMIER

Travail et méthodes du/de la documentaliste.

JEAN-DOMINIQUE CHIFFRE ET JACQUES TEBOUL

La motivation et ses nouveaux outils. Des clés pour dynamiser une équipe.

JACQUES CLARET

Organiser la pensée. Une formation méthodique au travail intellectuel.

VIRGINIE CORNET, PHILIPPE AURIOL

Le parler-vrai. La méthode Schutz pour être vrai avec soi-même et avec les autres

MARIE-JOSÉE COUCHAERE

Eduquer la mémoire.

SOPHIE COURAU

Les outils de base du formateur. Parole et supports [1].
Les outils d'excellence du formateur. Pédagogie et animation [2].

PHILIPPE CRUELLAS ET RAPHAEL BENAYOUN

Le temps mode d'emploi. Reconquérir son temps... et sa vie.

GÉRARD DEVAUX

Se préparer à l'oral des examens et des concours.

MARC DOVERO ET ELISABETH GREBOT

Enseigner, former, conseiller avec la PNL.

VIVIANE DUBOS

Les émotions. Comment s'en faire des alliées avec les outils de la PNL.

VICTOR ERNOULT, JEAN-PIERRE GRUERE, FABIENNE PEZEU

Optimiser les ressources humaines dans l'entreprise. Formation à la méthode du bilan comportemental.

MICHEL FUSTIER

Pratique de la créativité.
La résolution de problèmes, méthodologie de l'action.

BERNARD GANGLOFF

Les techniques de recherche d'emploi.

MICHEL GIFFARD

Développez votre intuition et celle de votre équipe.

PATRICK GILBERT

Gérer le changement dans l'entreprise. Comment conduire des projets novateurs et développer les ressources humaines.

PATRICK GILBERT ET CHRISTIAN CHARDON

Analyser l'écriture. Une démarche et un outil nouveaux en graphologie.

PATRICK GILBERT ET CLAUDE PIGANIOL-JACQUET

Informatiser la gestion. Application aux ressources humaines.

LAURENT GODBOUT

S'entraîner à raisonner juste. Pour mieux se comprendre et mieux s'entendre.

ELISABETH GREBOT

Images mentales et stratégies d'apprentissage. Explication et critique. Les outils modernes de gestion mentale.

ANDRÉ GUITTET

Développer les compétences. Par une ingénierie de la formation.

HUBERT JAOUI

Créativité, mode d'emploi.

HUBERT JAOUI, FRANÇOIS-MARIE PONS

La communication pratique au service des entreprises.

ALAIN JOLIBERT ET MAUD TIXIER

La négociation commerciale. Etudes de cas. Préparation et stratégie.

PHILIPPE KAEPPELIN

L'écoute. Mieux écouter pour mieux communiquer.

JEAN-FRANÇOIS LABOREY

L'entretien annuel d'appréciation et de carrière.

ANNE-MARIE LAPORTE-CASTELNAU ET BRIGITTE LAPORTE-DARBANS

La gestion de soi. La nouvelle du management.

ROGER LAUNAY

La négociation.

PIERRE LEBEL

Améliorer la qualité de vie au travail par la participation.
Métrologie, mesure et maîtrise des communications.
Pratique du droit social. A l'usage des cadres et de la maîtrise dans les entreprises.

CLAUDE LEBŒUF, ALEX MUCCHIELLI

Le projet d'entreprise. Comment le préparer, le réaliser et motiver votre personnel.

EDOUARD LIMBOS

L'animation des groupes de culture et de loisirs.
Les barrages personnels dans les rapports humains. Comment les comprendre et les surmonter.
La formation des animateurs de groupes de jeunes.
Le management des changements sociaux dans l'entreprise.
La participation. Conseils et méthodes pour développer la qualité et l'animation de la «vie associative».
Les «problèmes humains» dans les groupes.

YVES-FRÉDÉRIC LIVIAN

Gérer le pouvoir dans les entreprises et les organisations.

CHRISTOPHE LUNACEK

La délégation efficace. Pour un nouveau management plus responsabilisant.

ALEX MUCCHIELLI

Les mentalités. Compréhension et analyse.
Rôles et communications dans les organisations.

DANIEL PEMARTIN

Réussir le changement. Mutations des entreprises et problèmes humains.

PHILIPPE PIGALLET

L'art de lire. Principes et méthodes.

CHRISTIE RAVENNE

Gérer les tournants de carrière.
Les nouvelles missions du management. Adaptation et flexibilité.
Rechercher et innover en groupe. Méthodes à l'usage des groupes d'amélioration de la qualité.

GUY SABON ET JEAN-MARIE JIVEL

L'entretien de recrutement. Des outils et des méthodes pour mieux recruter.

GUY SABON

Formation des tuteurs et des maîtres d'apprentissage. Pour une intégration réussie des jeunes dans l'entreprise.

CHANTAL SELVA

La programmation neuro-linguistique appliquée à la négociation.

CHANTAL SELVA ET GUY MISSOUM

Savoir définir et gérer des objectifs. Une stratégie de la réussite.

LOUIS TIMBAL-DUCLAUX

La communication écrite scientifique et technique. Qualité et lisibilité.
L'expression écrite. Ecrire pour communiquer.

ARLETTE YATCHINOVSKY, PIERRE MICHARD

Le bilan personnel et professionnel. Instrument de management.
Histoire de vie. Une nouvelle approche pour repenser sa vie autrement.

HORS COLLECTION

L'HOMME ET SES POTENTIALITÉS.
ÉTUDES EN HOMMAGE À ROGER MUCCHIELLI.
Textes réunis par Arlette Mucchielli et Alexandre Vexliard

TABLE DES MATIÈRES

INTRODUCTION

La programmation neuro-linguistique est une approche originale de la communication et du changement qui intéresse tout particulièrement les formateurs, les enseignants et les conseillers dans la mesure où elle propose des modèles et des outils pour répondre aux questions suivantes :

– Comment communiquer avec tel stagiaire, tel élève ou tel parent ?

– Comment motiver une personne pour un objectif précis et stimuler son intérêt pour une matière ou une tâche ?

– Comment aider les étudiants à mieux gérer le trac aux examens ?

– Comment établir un meilleur contact ?

– Comment former, enseigner et conseiller avec la PNL ?

La toile de fond de la PNL est constituée des influences intellectuelles et des connaissances propres à ses créateurs, Richard Bandler et John Grinder formés à la linguistique, la neurologie, l'informatique, la psychologie, la systémique et la thérapie.

La PNL est un modèle de la communication qui résulte d'un travail de modélisation de thérapeutes célèbres aux Etats-Unis, dans les domaines de la thérapie familiale, l'hypnose éricksonnienne et la gestalt-thérapie. Cette modélisation a donné naissance à des grilles d'intervention efficaces en situation de communication. Les outils de la PNL sont principalement utilisés, de nos jours dans le management, la négociation, la vente.

Ce livre est le résultat de stages animés dans le cadre de l'Education nationale et en entreprise. Nous souhaitons mettre à la disposition des formateurs, des pédagogues et des conseillers, les apports de la PNL pour une meilleure communication pédagogique.

ENSEIGNER, FORMER ET CONSEILLER AVEC LA PNL

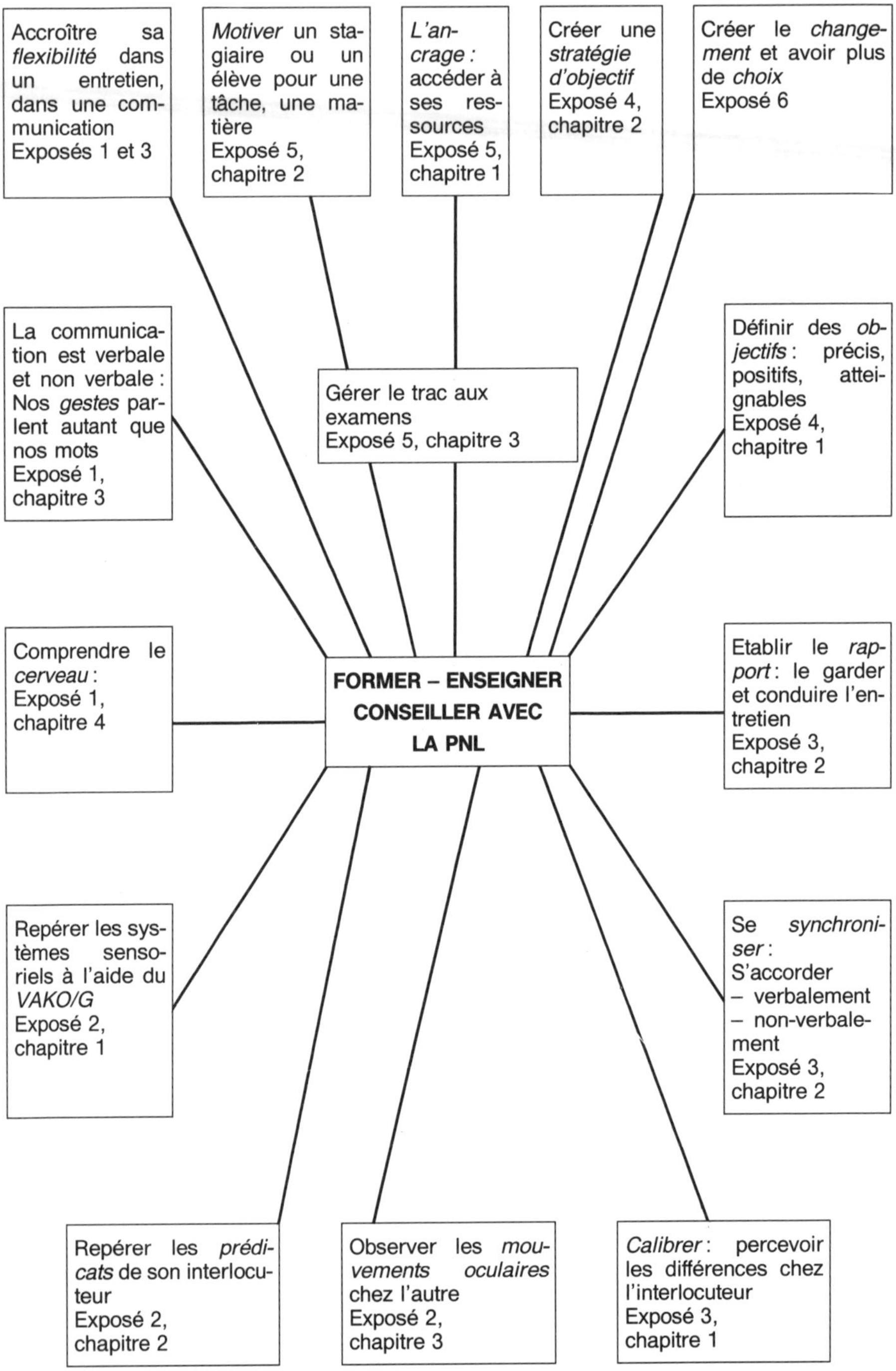

Premier Exposé

UN MODÈLE POUR CHANGER DE MODÈLE

La PNL s'intéresse tout particulièrement à la qualité relationnelle et apprend à créer les conditions d'une communication réussie. Ce livre cherche à être un guide pour un apprentissage personnel du *rapport*, support de toute communication.

La PNL est un modèle qui s'intéresse à la communication verbale et non verbale. En effet, la communication est l'œuvre de toute la personne et de toute sa neurologie : nos gestes parlent autant que nos mots. Nous communiquons par notre posture, notre démarche, nos mimiques : c'est le langage non verbal.

Les caractéristiques de la voix comme la tonalité, le rythme d'élocution, le volume de l'émission sont du registre du langage paraverbal.

La communication comporte le langage verbal, le paraverbal et le non verbal. Dans cet exposé, nous nous intéresserons à ces différents aspects de la communication.

En effet, la communication, telle que la considère la PNL, repose sur des emprunts et des présupposés théoriques dans les champs de la communication (verbale, paraverbale et non verbale) et dans le domaine des neuro-sciences, dont les recherches les plus récentes sont exposées dans les trois chapitres suivants.

1 La PNL : de l'intuition au modèle, une démarche pragmatique

John Grinder et Richard Bandler se rencontrent en 1972 à l'Université de Santa Cruz, en Californie. John Grinder est professeur de linguistique. Richard Bandler est informaticien. Ils animent ensemble des sessions de gestalt-thérapie. Ils souhaitent créer un modèle pour les psychothérapeutes et les professionnels de la communication comme les linguistes et les scientifiques l'ont fait dans leur domaine. L'objectif d'un modèle est de décrire le fonctionnement d'un système avec une précision telle qu'on puisse le reproduire et le dupliquer. John Grinder et Richard Bandler se sont fixé ce même objectif ambitieux dans le domaine de la psychothérapie et de la communication.

Pour ce faire, ils abandonnent la démarche traditionnelle de la psychopathologie qui cherche à comprendre et à expliquer pourquoi ça ne va pas. Richard Bandler écrit : « La psychologie étudie les êtres brisés pour savoir comment les soigner. C'est comme examiner toutes les voitures d'une casse pour trouver comment mieux les faire fonctionner. » [1]

John Grinder et Richard Bandler optent pour une démarche *positive et pragmatique.* Ils cherchent à produire des schémas et des protocoles de comportements d'excellence afin de permettre à d'autres psychologues d'accéder à la même efficacité. Ce qui était auparavant laissé à l'intuition de quelques grands thérapeutes devient reproductible par d'autres. Ils enregistrent en vidéo les pratiques de trois thérapeutes et fondateurs de courants aussi différents que l'hypnose éricksonnienne (Milton Erickson), la thérapie familiale (Virginia Satir) et la gestalt-thérapie (Fritz Perls).

> *Milton Erickson* est le père de l'hypnose moderne. Celle-ci cesse de faire figure « d'aimable bouffonnerie comparée au sérieux des méthodes orthodoxes », écrit Paul Watzlawick. Milton Erickson rompt avec l'hypnose traditionnelle qui est un modèle de communication autoritaire où s'exerce une influence et abandonne le rituel autoritaire classique pour induire une transe. Il imagine de nouvelles méthodes conversationnelles qui intègrent l'utilisation des métaphores, des analogies, des paradoxes.
>
> *Virginia Satir* est un des chefs de file de la thérapie familiale et de « l'école de la communication ». Elle appartient, dès 1959, à l'équipe thérapeutique fondatrice du Mental Research Institut (MIR), lieu de recherche clinique où est élaboré le dispositif des thérapies familiales. En France, nous connaissons mieux Paul Watzlawick dont un grand nombre de livres ont été traduits en français. Paul Watzlawick intègre ce même institut, en 1961.
>
> *Fritz Perls* est fondateur de la gestalt-thérapie. Fritz Perls s'inspire à la fois de la psychanalyse et de la psychologie de la forme. L'itinéraire de Fritz Perls ressemble à celui de nombreux psychanalystes allemands ou autrichiens que la montée du nazisme a contraint à l'émigration. Fritz Perls a connu certains élèves de Freud comme Karen Horney qui fut sa psychanalyste et Wilhem Reich qui fut son superviseur. Ce thérapeute a joué un rôle considérable dans l'évolution de la psychothérapie qui abandonne la recherche des causes et l'élucidation du « pourquoi » au profit de la prise de conscience du « comment ». Les principes fondamentaux de la gestalt-thérapie sont : « la prise de conscience de soi ici et maintenant, la responsabilité du patient dans le processus thérapeutique. »

Selon Richard Bandler et John Grinder, Fritz Perls, Virginia Satir et Milton Erickson ont en commun, malgré leurs divergences théoriques, des modèles d'interaction qui font d'eux des maîtres du changement et de la communication.

Dans un grand nombre de situations pédagogiques, la formation est un acte de communication qui repose sur la relation interindividuelle. Tout formateur, pédagogue ou conseiller, est un professionnel de la communication. La communication, au sens de « communicare » signifie « mettre en commun », être en relation. La PNL comme modèle de la communication apprend à créer les conditions d'une communication efficace et réussie. La PNL est un modèle de communication pédagogique.

---

1. R. Bandler, *Un cerveau pour changer*, InterEditions, 1990.

2 La PNL : un modèle de communication

La PNL est un modèle de communication qui repose sur certains présupposés théoriques empruntés à la linguistique, à la cybernétique, à la thérapie, et à l'école de Palo Alto ou « école de la communication ». La PNL partage avec ce dernier courant de pensée une conception systémique de la communication qui s'oppose aux théories linéaires de l'information et de la communication. Nous allons évoquer, dans ce chapitre, dans un premier temps les principales théories de la communication et dans un second temps les présupposés théoriques de la PNL en ce qui concerne la communication.

L'évolution de ces théories se caractérise par un passage d'une conception linéaire de la transmission de l'information à une théorie systémique de la communication. Elle intéresse les formateurs, les enseignants et les conseillers dans la mesure où à chacune de ces théories correspond une conception de la relation en situation de formation. Par exemple, l'approche linéaire de la transmission du savoir calque la théorie de la transmission de l'information.

DE LA TRANSMISSION DE L'INFORMATION À LA COMMUNICATION

La théorie de la transmission de l'information

C. Shannon, dans son livre *La théorie mathématique de la communication*[2], propose un schéma de « système général de communication, conçu comme la chaîne des éléments suivants :

– la source d'information produit le message ;

– l'émetteur transforme le message en signaux ;

– le canal est le moyen utilisé pour transporter les signaux ;

– le récepteur reconstruit le message à partir des signaux ;

– la destination est la personne à laquelle est envoyé le message ; si les signaux sont perturbés, on dit qu'il y a du bruit. On parle d'un modèle télégraphique de la communication.

Illustration pédagogique de la transmission de l'information

Selon cette conception, l'enseignant est un émetteur qui transmet l'information à l'élève récepteur. Transmettre qui vient de *trans-mittere* signifie envoyer de l'autre côté.

Rien ne nous indique, dans une telle situation, si le récepteur a bien reçu ou bien compris le message et ce qu'il a compris.

Or, chaque récepteur décode le message et l'interprète avec les filtres de ses expériences passées et ses représentations personnelles. Les neurosciences (chapitre 4) apportent des informations précieuses sur ce processus de prise d'informations.

Un exemple : si l'émetteur parle du feu, il se peut que le récepteur 1 pense à un feu de bois dans une cheminée tandis que le récepteur 2 évoque un feu de forêt. A. Jacob écrit : « Les hommes parlent beaucoup mais s'entendent peu. » En PNL, nous cherchons systématiquement à reconnecter tout message verbal avec l'expérience sensorielle personnelle sous-jacente.

---

2. Cf. C. Shannon, *La théorie mathématique de la communication*, Retz, 1975.

LA CONCEPTION CYBERNÉTIQUE DE LA COMMUNICATION

La notion de feedback ou rétroaction est la clé de voûte de la cybernétique. Norbert Wiener et Rosenblueth l'empruntent à John Maxwell. L'axiome de causalité linéaire de l'approche précédente est remplacé par « tout effet rétroagit sur sa cause ». Tout processus est conçu selon un schéma circulaire. La cybernétique introduit aussi la notion de système.

Illustration pédagogique de la conception cybernétique

A l'acte linéaire de transmission de l'information, émetteur-récepteur, formateur-stagiaire, enseignant-élève, conseiller-consultant, ajoutons un canal en retour, un feedback qui permet à ces différents intervenants de connaître l'efficacité de leur message en permanence.

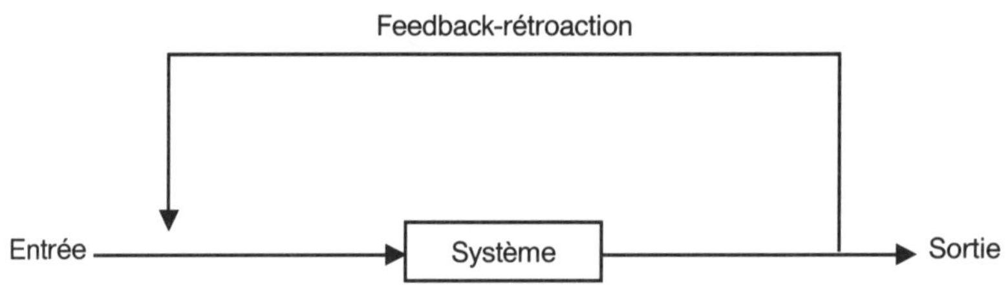

Schéma de la rétroaction

Dans ce schéma, l'enseignant ou le formateur comme le stagiaire ou l'élève sont tour à tour émetteur et récepteur, cause et effet. Des modèles cybernétiques ont été élaborés dans le domaine de l'apprentissage des langues. Hélène Trocmé-Fabre les expose dans son livre *J'apprends, donc je suis.* [3]

LA THÉORIE SYSTÉMIQUE DE LA COMMUNICATION

Les anthropologues et les psychologues de l'école de Palo Alto, Gregory, Bateson, R. Birdwhistell, E.T. Hall, V. Satir, formulent une théorie de la communication en refusant le modèle télégraphique du couple émetteur-récepteur. La communication est considérée comme un système où chaque sujet « ne peut pas ne pas communiquer ». Ils rejettent la métaphore du télégraphe au profit de celle de *l'orchestre.* Ils construisent un modèle orchestral de la communication. Celle-ci est verbale et non verbale, consciente et non consciente. Ray Birdwhistell étudie le rôle des gestes, des postures dans la communication, tandis que E.T. Hall s'intéresse à la distance interpersonnelle dans la communication ou proxémie. Ces recherches sont détaillées dans le chapitre consacré à la communication non verbale.

Les principales hypothèses de la théorie de la communication selon l'école de Palo Alto ou « école de la communication » sont :

1. L'essence de la communication réside dans des processus relationnels et interactionnels. Dans toute communication humaine, il y a interaction entre les individus.

---

3. Hélène Trocmé-Fabre, *J'apprends donc je suis*, Les Editions d'organisation, 1987.

2. Tout comportement a une valeur communicative. L'école de Palo Alto pose comme postulat qu'« il est impossible de ne pas communiquer ». Si entre deux individus, il se produit du silence ou du brouhaha, une immobilité ou une agitation, il y a communication. Cette école propose une logique de la communication et une véritable grammaire de la communication avec ses règles et ses troubles. Ceux-ci sont nombreux dans les familles schizophréniques. La communication y est « paradoxale ». Nous exposerons ici le seul concept de l'injonction paradoxale. Le processus de l'injonction paradoxale est couramment illustré par l'exemple « sois spontané ». Il y a injonction paradoxale quand il est impossible d'obéir sans désobéir.

Une oreille sensible à la communication paradoxale entend quelques perles dans les conseils de classe.

Illustration pédagogique de la théorie systémique de la communication

La classe et le groupe de formation ne sont plus considérés comme une collection d'individualités mais, au contraire, comme des systèmes d'interaction entre individus. Ce sont des ensembles qui obéissent à des règles de fonctionnement distinctes de celles auxquelles obéissent ses membres pris isolément. Ils ne sont pas une addition d'éléments mais un tout dans lequel le comportement de l'un est lié à celui des autres (principe de totalité des systèmes).

Ainsi, dans un entretien de conseil, l'élève en difficulté cesse d'être « le patient désigné ». Le conseiller prête particulièrement attention aux interactions entre celui-ci et les autres membres de sa famille ainsi qu'aux interactions entre les systèmes (familial et scolaire).

LES PRÉSUPPOSÉS DE LA PNL

Nous allons expliciter trois principes généraux de la PNL qui sont empruntés à la cybernétique et la systémique, à la sémantique générale et à la thérapie.

La systémique

Norbert Wiener, fondateur de la cybernétique déclare : « Je ne comprends vraiment ce que j'ai voulu dire que lorsqu'on m'a répondu. » Cette affirmation, un peu extrémiste, veut seulement mettre l'accent sur le fait que seule la réponse de notre interlocuteur permet de vérifier ce qui, dans notre message, a été ou non perçu. Ainsi, en PNL, la responsabilité de se faire comprendre incombe à l'émetteur. La signification d'un message est donnée par la réponse verbale et non verbale qu'il suscite. C'est celle-ci qui nous éclaire sur l'impact réel que notre façon de communiquer a sur notre interlocuteur.

Cette conception de la communication implique la capacité de varier ses manières de communiquer. La flexibilité est une règle d'or pour un communicateur. Les techniques de la PNL visent l'apprentissage de cette souplesse ou flexibilité. « Si quelque chose ne marche pas, c'est une indication qu'il fallait faire autre chose. »

Des choix comportementaux nombreux et variés sont des compétences caractéristiques des communicateurs efficaces. La notion de résistance en communication est souvent un commentaire sur le manque de souplesse ou de flexibilité du communicateur. Ce présupposé est souvent à l'œuvre en situation de formation ou de conseil.

La sémantique générale : « La carte n'est pas le territoire »

Ce présupposé théorique est emprunté par R. Bandler et J. Grinder au créateur de la sémantique générale : Korsybski. Une carte est une représentation de la réalité ; ce n'est pas la réalité. Elle est une représentation schématique, fidèle et réduite du territoire. La PNL parle du « modèle du monde » que chaque personne construit à partir de sa réalité.

Différencier le monde et le « modèle du monde », le territoire et la carte, permet au communicateur de faire la distinction fondamentale entre changer le monde et changer l'idée que nous nous faisons du monde. Le thérapeute, par exemple, ne va pas changer le monde de son patient mais la représentation qu'en a ce client.

Le formateur et l'enseignant sont amenés à agir et à modifier la représentation de la réalité de leurs élèves ou stagiaires. Prenons l'exemple d'une personne qui a le trac chaque fois qu'elle doit parler en public. Le formateur va construire des situations dans lesquelles cette personne fera l'expérience gratifiante de s'exprimer en public avec aisance, plaisir et décontraction. Le formateur ne cherche pas à annuler l'expérience passée de cette personne. Par contre, il crée de nouvelles conditions favorables susceptibles de modifier l'idée restrictive que cette personne s'était construite.

La thérapie : « Toute personne a les ressources pour opérer des changements »

Les grands thérapeutes partagent la croyance « que le centre de la personne est positif » et dispose des capacités de changement nécessaires. Carl Rogers, fondateur de la « thérapie centrée sur le client » déclare dans son livre *Le développement de la personne*[4] :

« Voici une leçon profonde qui peut être à la base de tout ce que j'ai dit jusqu'ici : elle s'est imposée à moi tout au long des vingt-cinq années au cours desquelles j'ai essayé de venir en aide à des individus en détresse. La voici dans toute sa simplicité : mon expérience m'a montré que, fondamentalement, tous les hommes ont une orientation positive (...). Il me faut exprimer une autre découverte que j'exprimerai brièvement ainsi : La vie, dans ce qu'elle a de meilleur, est un processus d'écoulement, de changement où rien n'est fixe. »

La PNL énonce le présupposé suivant selon lequel « tout comportement a, à son origine et pour son acteur, une intention positive ».

Un élève pénible a peut-être besoin de s'agiter sur sa chaise, non pour ennuyer les autres mais pour calmer son angoisse. Un fumeur ne cherche pas à enfumer les autres mais à savourer une cigarette ou à satisfaire sa dépendance au tabac. Les techniques de changement de la PNL exigent que le conseiller aide la personne à trouver, d'une part l'intention positive à l'origine de ses comportements et d'autre part de nouveaux comportements susceptibles de satisfaire cette même intention positive.

3 La communication non verbale : que disent les gestes ?

« Nous parlons avec notre organe vocal mais nous conversons avec tout notre corps », écrit Abercrombie (Argyle, 1975). Dans toute communication ou interaction agissent simultanément plusieurs éléments :
– *les éléments voco-acoustiques* constituent la partie verbale de l'énoncé et la partie vocale, c'est-à-dire les intonations, le timbre, l'intensité, les accents, le tempo, etc. ;
– *les éléments visuels* de codes divers : des « marqueurs sociaux » comme la distance entre les interlocuteurs, la proxémie, les vêtements, etc. ;
– *des marqueurs comportementaux*, c'est-à-dire les postures, les gestes, les mimiques, les regards. Dans toute communication humaine interagissent ces trois sous-systèmes : verbal, paraverbal ou vocal et non verbal ou gestuel.

4. Cf. Carl Rogers, *Le développement de la personne*, Dunod, 1972.

L'IMPORTANCE DE L'INFORMATION NON VERBALE : LE SOURIRE DE MONA LISA

L'équipe de recherche de S. Frey présente à des sujets trois reproductions du célèbre tableau de Léonard de Vinci : Mona Lisa (Frey, 1984).

La première est une copie fidèle de l'original.

La seconde est une image modifiée dans laquelle la tête est orientée dans la même direction que le regard.

La troisième est également modifiée : la tête est orientée latéralement dans la direction opposée au regard.

Les sujets interrogés doivent choisir la version où Mona Lisa sourit le plus.

Ils choisissent unanimement l'image dans laquelle la tête est inclinée à gauche, c'est-à-dire la direction vers laquelle les yeux sont orientés.

De nombreuses recherches ont reproduit ce type d'expérience à l'aide de photographies. Il en ressort que le personnage qui incline la tête dans la direction vers laquelle sont orientés les yeux est décrit positivement et qualifié de personne amicale, sympathique. A l'inverse, le personnage qui incline la tête dans la direction opposée est qualifié de fier, sévère et antipathique.

Ces auteurs démontrent à quel point nos impressions sur une personne sont très fortement déterminées par la perception de ses comportements observables. Ils illustrent avec force l'impact du non verbal dans la communication interindividuelle.

Ils prouvent également, qu'en cas de contradiction entre les éléments verbaux et non verbaux, l'observateur va accorder plus d'importance à l'information non verbale qu'à l'information verbale. Chacun de nous a pu faire ce type d'expérience : à une soirée, vous êtes présenté(e) à quelqu'un qui se déclare « enchanté de faire votre connaissance » tout en regardant déjà l'invité voisin qu'il a vraiment envie de rencontrer. La sensation de malaise que vous éprouvez vient de ce que vous avez perçu une incohérence entre les paroles et le regard de votre interlocuteur. La PNL appelle *calibration* cette capacité de percevoir chez l'autre de telles distorsions ; la calibration comporte, plus généralement, l'aptitude à percevoir chez l'autre toute modification de comportement extérieur, de la voix, de son état émotionnel, etc.

Certains auteurs chiffrent la part des signaux non verbaux dans la communication. Ils trouvent que les signes non verbaux ont quatre fois plus d'effet que les signes verbaux sur les attitudes du récepteur.

REGARD ET REGARD RÉCIPROQUE DANS LES INTERACTIONS SOCIALES

Le contact visuel entre deux personnes est souvent évité et très difficilement maintenu.

A quel moment regarde-t-on ?

Les gens détournent leur regard lorsqu'une question leur est posée. Lorsqu'un élève interrogé détourne son regard, ce n'est pas parce qu'il est hypocrite ou copieur.

Kendon, en 1967, remarque que les gens :
- détournent leur regard au début de leur énoncé verbal ;
- dirigent un regard vers l'autre lorsque l'énoncé s'achève ;
- détournent le regard au moment de prendre la parole.

Cet auteur suggère que le regard porté sur le récepteur à la fin d'un exposé est un signal annonçant que l'émetteur va s'arrêter de parler, car lorsque les parleurs oublient de transmettre ce signal, un silence pesant s'instaure.

Selon Argyle (1976), nous nous regardons, en moyenne, pendant 60 % de la durée totale d'une interaction lorsque nous communiquons verbalement avec une personne inconnue alors que le temps occupé par un regard réciproque ne représente que le tiers de la conversation. Nous regardons surtout notre interlocuteur lorsque celui-ci parle et que nous l'écoutons.

Si deux personnes sont inconnues l'une de l'autre et qu'elles n'ont pas d'activité en commun, comme c'est le cas dans une salle d'attente, le pourcentage de regards mutuels est très faible, de 1,5 à 12 % du temps total. Ces recherches américaines sont bien mises en scène dans le cadre de l'exposition permanente d'Explora à la Cité des sciences et de l'industrie consacrée à la communication, à Paris (La Villette).

Ces lois observées dans le cadre de recherches expérimentales concernant la communication non verbale ont de nombreuses implications dans le champ de la formation et du conseil. Par exemple, Reece et Whitman, en 1962, ont montré que le fait, pour un enseignant, de regarder son élève lors d'un apprentissage équivalait à un renforcement positif et facilitait considérablement les acquisitions.

LA POSTURE ET LA COMMUNICATION

Scheflen, en 1964, démontre que les modifications posturales sont des signaux qui délimitent les étapes d'une communication et n'ont de significations qu'en fonction du contexte (Scheflen, 1972). Scheflen décrit trois dimensions de base de la posture.

La première oppose la *posture « inclusive » et la posture « non inclusive »* : les membres d'un groupe délimitent, par leurs postures, un espace plus ou moins fermé à autrui. Ainsi, tel participant a le poing sur la hanche, son voisin avance le pied, le troisième agite les bras : l'ensemble de ces postures « ferme » l'accès de ce groupe à un quatrième personnage. Ce type d'observations permet à un formateur, par exemple, d'évaluer les chances d'intégration d'un stagiaire arrivé en retard alors que les autres participants sont déjà en train de travailler en petits groupes.

La deuxième dimension différencie *l'orientation en parallèle du vis-à-vis.* Dans une communication en vis-à-vis, la communication est directe. L'orientation en parallèle se produit lorsque les deux interlocuteurs se tournent ensemble et parallèlement vers un tiers.

La troisième dimension est la *différenciation faite entre « congruence » et « non congruence »* et qui porte sur le degré de similitude ou de ressemblance entre les postures. Il y a congruence lorsque les postures de deux personnes sont en miroir. Nous appelons cela *la synchronisation* comportementale en PNL.

> Prenons l'exemple d'un entretien entre un conseiller d'orientation et une famille composée du père, de la mère et de deux enfants. Il est fréquent d'observer deux synchronisations parallèles entre, d'un côté un enfant et un parent et de l'autre, le second enfant et l'autre parent. La posture, le regard marquent une communication privilégiée à deux qui exclut les deux autres. La synchronisation peut ne porter que sur une partie du corps : par exemple, l'enfant croise les jambes comme son père.

En 1966, Charney a montré que dans les entretiens, la congruence est liée à la bonne qualité de la relation.

L'ESPACE ET LA COMMUNICATION

Parmi les facteurs d'attraction et de répulsion, d'approche et d'évitement, l'espace joue un rôle considérable.

E.T. Hall a créé le terme de *proxémie* pour qualifier tout ce qui concerne l'organisation et l'utilisation de l'espace chez l'homme.

Il répartit l'espace de la communication en quatre zones :

– *l'espace intime* : 0 à 40 centimètres : ce sont les odeurs, les sensations cutanées, tactiles et corporelles qui dominent ;

– *l'espace personnel* : 40 centimètres à 1,20 mètre : il s'étend jusqu'aux limites de la prise physique sur autrui ;

– *l'espace social* : 1,20 à 3,50 mètres : il s'arrête au point où la conversation cesse d'être possible ;

– *la distance publique* : 3,50 mètres et plus : cela ne permet plus d'entendre une conversation normale.

On voit que l'organisation de l'espace procède de la quantité et de la nature des informations que des individus peuvent concrètement échanger dans une situation donnée.

La prise en compte de cette donnée proxémique est fondamentale en situation de formation et d'entretien. Elle permet d'éviter toute intrusion abusive dans l'espace intime de l'autre dont l'exemple classique que chacun d'entre nous a connu est celui du voisin de banquette qui lit notre journal en même temps que nous. Ainsi un enseignant qui jette un coup d'œil par-dessus l'épaule d'un élève pour lire sa copie peut être vécu par l'enfant comme intrus dans son espace intime (ou au contraire comme un familier protecteur).

AUTOSYNCHRONIE ET SYNCHRONIE INTERACTIONNELLE

William S. Condon observe des situations de communication filmées (Condon, 1984). Il différencie l'idée d'*autosynchronie* et celle de *synchronie interactionnelle :*

– l'autosynchronie décrit l'harmonie, chez un individu, entre son comportement moteur et son discours ;

– la synchronie interactionnelle désigne la similitude entre le comportement de l'auditeur et du locuteur.

W.S. Condom développe l'idée que les auditeurs bougent en synchronie aussi parfaite avec le discours du locuteur que le locuteur lui-même :

> « Métaphoriquement, c'est comme si le corps entier de l'allocutaire dansait en accompagnant la parole du locuteur avec précision et fluidité. »

En général, *plus les deux interactants partagent les mêmes mouvements et des postures similaires, meilleure est leur relation.*

> La PNL a développé les idées de synchronisation de la posture, de la respiration, des « marqueurs » de la communication non verbale ainsi que l'idée de la synchronisation verbale des prédicats. Les grands thérapeutes modélisés par ses fondateurs mettaient en pratique, dans le cadre de leur travail thérapeutique, ces grandes lois de la communication verbale et non verbale.

4 Comprendre le cerveau : plusieurs milliards de cellules pour apprendre

LES NEURO-SCIENCES POSENT LA QUESTION : COMMENT APPREND-ON ?

Les découvertes récentes dans les domaines sensoriels et sur le fonctionnement de notre cerveau intéressent formateurs, enseignants et conseillers car elles ont des implications importantes dans les processus d'apprentissage.

Les neuro-sciences sont une mine d'informations indispensables à la compréhension des phénomènes mentaux et cognitifs tels que les images mentales, les représentations visuelles, les évocations auditives, la mémoire ou l'attention.

Ainsi, selon Regan, l'information auditive est traitée par des neurones spécifiques selon la nature de l'information. Par exemple, « certains neurones sont activés par des changements d'intensité d'un son mais ne réagissent que peu ou pas du tout à un son pur continu » ; ce sont d'autres neurones qui peuvent être activés par un son pur continu.

Voici un exemple qui met l'accent sur les variations et les distorsions à respecter dans tout acte de communication. Ces connaissances doivent susciter chez les communicateurs des compétences particulières d'adaptabilité et de flexibilité.

LA NÉGATION DANS LA REPRÉSENTATION

Avec le langage ou système digital de la communication, nous pouvons exprimer des négations. La relation entre le langage et l'objet représenté est arbitraire alors que l'image visuelle d'un objet présente une certaine similitude avec l'objet réel. La négation n'a pas le même statut. Essayez, par exemple, d'imaginer une plage non bordée de palmiers. Qu'avez-vous imaginé ? N'avez-vous pas, en premier lieu, imaginé une plage bordée de palmiers ? M. Denis cite l'énoncé suivant : « Il n'y a pas de croissants ce matin » qui suscite des images très vives de l'objet déclaré absent. Ainsi, si un enseignant dit à sa classe de ne pas avoir peur du contrôle, les élèves ont toutes les chances de s'imaginer avec le trac, de ressentir les manifestations physiologiques caractéristiques de cet état de stress. De même, demander à un enfant de ne pas renverser son verre, c'est augmenter ses chances de le ramasser en mille morceaux. Par contre, si vous lui demandez de mettre le verre au milieu de la table, le verre a plus de chances de rester entier. Une formulation positive de l'objectif augmente les chances de réussite du sujet.

VERS UN MODÈLE DE LA GLOBALITÉ

Dans le chapitre précédent sur les modèles de communication, nous sommes passés d'un schéma linéaire à un modèle systémique, c'est-à-dire de la transmission de l'information à la communication comme système ouvert.

Les découvertes scientifiques, dans le domaine neurologique, annulent également les considérations linéaires, mécanistes, réductionnistes de l'homme.

L'ouvrage de Hampden-Turner [5], *Atlas de votre cerveau*, retrace à merveille l'évolution des conceptions de notre système cérébral et nerveux.

5. Hampden-Turner, *Atlas de votre cerveau*, Les Editions d'organisation, 1990.

Dans les recherches les plus récentes, les concepts clés sont ceux de complexité, globalité, relativité, connexion, multimodalité, et de non-linéarité. *Aucune activité cérébrale n'a lieu isolément.* Le fonctionnement du système nerveux ne résulte pas de l'addition de réactions isolées mais d'une intrication complexe de phénomènes. Les règles d'or dans le domaine pédagogique sont les mêmes que celles du fonctionnement cérébral : associations, connexions, interactions, diversité des modalités sensorielles, des activités, etc. Citons quelques pratiques de formateurs performants :

- combiner le verbal et le geste, alterner l'image et le son, la rigueur et la métaphore, le verbal et le non verbal, le digital et l'analogique ;
- développer la mise en relation des données spatiales et temporelles ;
- alterner l'approche globalisante (la mise en schéma) et l'approche séquentielle ;
- traduire une modalité sensorielle, par exemple visuelle, dans les autres modalités sensorielles, auditives et kinesthésiques ;
- donner le temps aux stagiaires ou élèves de se représenter l'information visuellement en construisant mentalement une image ; de verbaliser l'information ; d'associer l'information à un ressenti.

Certains formateurs consacrent les cinq dernières minutes de chaque séquence de formation à ce temps indispensable de représentation et d'évocation mentale.

Diversifier et alterner les différents systèmes de représentation améliore la communication.

L'AFFECTIF DANS LA FORMATION ET L'APPRENTISSAGE

Toute activité de formation, de conseil ou d'apprentissage doit prendre en compte la dimension affective et émotionnelle des processus cognitifs. Piaget écrit dans *Intelligence et affectivité*[6] : « On ne rencontre jamais d'état affectif sans élément cognitif ni l'inverse. »

Des discours d'échec comme : « ça ne va pas marcher », « je vais rater », « je n'y arrive jamais » bloquent l'apprentissage puisqu'il n'y a aucune disponibilité intellectuelle.

Dans la *théorie de Mac Lean*, trois cerveaux sont identifiés et correspondent à trois types de traitement et d'organisation de l'information.

Tout formateur doit savoir que *le cerveau limbique ou cerveau émotionnel* est un passage obligatoire des informations et que ces dernières peuvent être bloquées à cette frontière émotionnelle si elles présentent un aspect menaçant ou désagréable. Savoir que notre activité cérébrale va du limbique au cortical est utile pour un enseignant, un formateur ou un conseiller face aux manifestations qu'il rencontre fréquemment comme l'angoisse aux examens, le trac, la panique aux contrôles ou aux entretiens d'embauche, les trous de mémoire, etc.

Les enseignants peuvent retenir que les lobes frontaux sont cette partie du cerveau qui, selon certains biologistes, poursuit son développement au-delà de l'adolescence. Il semble donc que tout ne soit pas joué à cet âge.

Tout état émotionnel et affectif interagit avec les processus cognitifs. Ainsi, le stress peut inhiber la mémorisation.

---

6. Piaget, « Intelligence et Affectivité » dans *Les émotions*, Rimé B. et Sherer K., Delachaux et Niestlé, 1989.

La PNL représente ces interactions entre les processus internes et les états émotionnels internes à l'aide de la figure présentée ci-dessous. Une perception sensorielle (visuelle, auditive, tactile, olfactive ou gustative) déclenche un état interne ou un processus cognitif qui produira un comportement externe. Ces trois sous-systèmes sont en interaction entre eux.

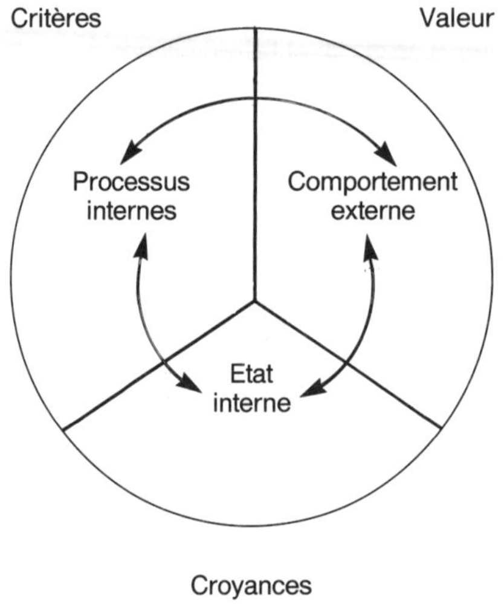

Deuxième Exposé

LA PNL : UN MODÈLE DE LA RÉUSSITE

1 Le « VAKO/G » : des sens au sens, de la perception à la représentation

Une foule d'informations provenant de l'extérieur et du monde environnant assaille, en permanence, notre système nerveux. Dans l'exposé précédent, nous avons évoqué en détail les caractéristiques neurologiques qui nous permettent de sélectionner ces « prises d'information » ou « intake ». Contentons-nous ici de rappeler que nous percevons la réalité du monde à l'aide de nos cinq sens : la vue, l'ouïe, le toucher, l'odorat et le goût et que la perception est un processus actif et constructif.

SYSTÈMES DE PERCEPTION ET DE REPRÉSENTATION

Analysons ensemble votre expérience actuelle de lecteur. En lisant ce livre sur la PNL, vos perceptions sont diversifiées et tout à fait personnelles :
– vous voyez des mots imprimés en noir sur du papier blanc ;
– vous entendez les klaxons de la rue, votre musique préférée ou le chant des oiseaux ;
– vous sentez au bout de vos doigts la texture du papier ;
– vous sentez une odeur de café ou de thé ;
– vous percevez la chaleur et la température de la pièce où vous êtes en train de lire.

En PNL, nous utilisons le quadruplé « VAKO/G » pour coder l'expérience sensorielle d'une personne à un moment donné.

« VAKO/G » signifie « Visuel/Auditif/Kinesthésique/Olfactif/Gustatif ».

Nous pouvons représenter votre expérience de lecteur ainsi : « VAKO/G » :

V^e : vous voyez les mots imprimés en noir sur le papier blanc ;
A^e : vous entendez les klaxons, votre musique préférée ou le chant des oiseaux ;
K^e : vous percevez la chaleur et la température de la pièce où vous lisez ;
K_t : vous sentez la texture du papier ;
O^e : vous sentez l'odeur du café ou du thé.

Nous notons « V^e,A^e,K^e,O^e,G^e » car les stimulations sont externes.

Le terme K_t signifie kinesthésie tactile.

Votre expérience de lecteur sera codée : « V^e,A^e,K_t,O^e,Ø ».

Ø signifie qu'il n'y a pas d'expérience dans le système gustatif.

Lorsqu'une personne perçoit par ses cinq sens, elle déclenche immédiatement toute une chaîne d'opérations mentales. Si nous reprenons votre exemple, il se peut que vous vous souveniez d'un livre scolaire de sciences naturelles d'une classe de lycée. Ceci vous amène à revoir votre chambre avec ses posters, ses photographies et sa décoration. Puis, tout à coup, vous réentendez votre mère vous appeler pour le dîner et tous ces souvenirs vous procurent une émotion assez vive. Nous sommes dans le domaine de la représentation : l'expérience est totalement subjective et intérieure. Vous construisez vos propres images mentales, vous évoquez la voix de votre mère, vous revivez des sensations intérieures. En PNL, nous codons cette expérience subjective à l'aide du quadruplé « VAKO/G ».

Nous représenterons cette dernière expérience par « V^i,A^i,K^i,Ø/G̸» :

- V^i : vous revoyez votre chambre avec ses posters, ses photographies et sa décoration ;
- A^i : vous entendez la voix de votre mère ;
- K^i : vous éprouvez une émotion forte.

REPRÉSENTATION CONSTRUITE ET REPRÉSENTATION REMÉMORÉE

Poursuivons votre expérience de lecteur en imaginant que vous vous teniez un discours intérieur. Vous vous dites, par exemple, que si vous étiez l'auteur de ce livre, vous illustreriez le texte avec des dessins humoristiques que vous vous représentez mentalement avec clarté. Vous vous réjouissez d'être capable de tant d'imagination et vous ressentez un certain sentiment de fierté. Au même instant surgit en vous cette phrase que votre père vous a adressée si souvent : « L'imagination te mènera loin. » Dans ces quelques lignes, il nous est possible de différencier les représentations construites et les représentations remémorées.

Nous codons Visuel construit (V^c) la représentation mentale des dessins humoristiques tandis que nous noterons Auditif remémoré (A^r) lorsque vous réentendez la phrase : « L'imagination te mènera loin. » Dans le tableau suivant, nous résumons les codes des différents systèmes de perception et de représentation.

LES COMPOSANTES DES SYSTÈMES DE REPRÉSENTATION

Le système ***visuel*** comprend une partie verbale composée du code linguistique et une partie non verbale regroupant les représentations iconiques, éidétiques et picturales.

Le système ***auditif*** comprend également une partie verbale, le langage et une partie non verbale, les bruits, les sons, etc. En PNL, le dialogue intérieur ou dialogue digital interne est coté A_d^i

Le système ***kinesthésique*** regroupe les sensations tactiles externes, les émotions internes ou cénesthésies en langage psychologique ainsi que les expressions posturales, gestuelles, faciales et motrices. En psychologie, le concept de kinesthésie a un sens différent.

Les domaines ***olfactifs*** et ***gustatifs*** comportent toutes les expériences liées à l'odorat et au goût.

Bien que notre cerveau reçoive des informations dans tous les systèmes sensoriels, nous ne sommes pas conscients de toutes ces perceptions. Dans votre expérience de lecteur, vous n'êtes sans doute pas conscient(e) au même moment de toutes les stimulations proposées et décrites précédemment. Il se peut que vous entendiez les

Tableau 1

CODES DES DIFFÉRENTS SYSTÈMES DE PERCEPTION ET DE REPRÉSENTATION

VISUEL	**Externe**	**V^e :** indique une stimulation visuelle externe que nous percevons
	Interne	**V^i :** se réfère à une image interne que nous construisons ou dont nous nous souvenons
	– Construit	**V^c :** représente des images que nous construisons
	– Remémoré	**V^r :** indique une image remémorée
AUDITIF	**Externe**	**A^e :** indique des sons externes que nous entendons
	Interne	**A^i :** se réfère à une évocation auditive interne
	– Construit	**A^c :** représente des sons ou des paroles que nous construisons
	– Remémoré	**A^r :** indique des sons ou des paroles que nous nous remémorons
	– Digital interne	**A^i_d** : représente un dialogue intérieur
KINESTHÉSIQUE	**Externe**	**K^e :** indique des sensations externes que nous ressentons
	Interne	**K^i :** se réfère à un ressenti intérieur que nous construisons ou que nous nous remémorons
	– Construit	**K^c :** représente une kinesthésie construite
	– Remémoré	**K^r :** indique une sensation externe que nous nous remémorons
	– Tactile	**K_t :** se réfère au toucher
OLFACTIF/ GUSTATIF	**Externe**	**O^e/G^e :** indique des odeurs ou goûts externes que nous expérimentons
	Interne	**O^i/G^i :** se réfère à des odeurs ou goûts que nous construisons ou dont nous nous souvenons
	– Construit	**O^c/G^c :** représente des odeurs ou goûts que nous construisons
	– Remémoré	**O^r/G^r :** indique une odeur ou un goût dont nous nous souvenons

klaxons ou votre musique favorite (A) et qu'ensuite seulement vous prêtiez attention à la chaleur de la pièce tout en sentant la texture du papier (K). Puis, vous sentez l'odeur du café ou du thé (O).

LE « VAKO/G » DANS UN CONTEXTE DE FORMATION

Imaginons l'expérience d'un formateur ou d'un enseignant lors d'un premier contact avec un groupe et tentons de décrire et de représenter celle-ci dans les différents systèmes du quadruplé « VAKO/G » :

Dans le domaine visuel, le formateur regarde les membres du groupe et plus particulièrement les prénoms que ceux-ci ont inscrits sur des étiquettes. Il revoit chacun de ces prénoms sur la liste qu'il a lue la veille du stage ou de la rentrée.

Dans le domaine auditif, il entend chuchoter un petit groupe. Il se demande s'il doit attendre encore un peu les retardataires ou se présenter tout de suite. Il se dit que c'est le moment de commencer.

Dans le domaine kinesthésique, il ressent une certaine tension en lui mais fixe son attention sur la sensation tactile que lui procure la craie avec laquelle il écrit son nom au tableau.

Dans le domaine olfactif, il sent un parfum qui lui plaît.

Dans le domaine gustatif, il salive à l'idée d'un café à la pause.

En français, le verbe « sentir » peut être aussi bien du domaine kinesthésique qu'olfactif alors qu'en anglais, « feel » et « smell » sont différenciés.

Dans le tableau ci-dessous, nous représentons l'expérience de ce formateur en faisant figurer quelques-unes des combinaisons possibles entre les modalités internes, externes, construites et remémorées. Une telle complexité illustre de nouveau l'unicité de l'expérience humaine et du modèle du monde de chacun.

Tableau 2

COTATION DE L'EXPÉRIENCE DE RENCONTRE AVEC UN GROUPE

	EXTERNE	INTERNE
VISUEL	V^e : il regarde le groupe, les prénoms inscrits sur des étiquettes	V^r : il revoit les prénoms sur une liste
AUDITIF	A^e : il entend chuchoter un petit groupe	A^i_d : il se dit que c'est le moment de commencer
KINESTHÉSIQUE	K_t : il sent la craie	K_i : il ressent une certaine tension en lui
OLFACTIF/ GUSTATIF	O^e : il sent un parfum	G^i : il salive à l'idée d'un café

SYSTÈMES DE REPRÉSENTATION ET SYNESTHÉSIES

Lorsque nous sommes l'objet de stimulations externes, nous construisons ou nous nous remémorons au même instant des expériences internes. Dans ces processus, il est fréquent que plusieurs systèmes de représentation fonctionnent en même temps. Ce phénomène est appelé une *synesthésie*. Une synesthésie se définit comme le processus de recouvrement simultané de deux systèmes de représentation. La synesthésie est dite bimodale si la représentation sollicite deux modalités. Par exemple, dans la synesthésie V/K, nous sommes en présence d'une personne qui ressent une émotion à partir d'une image visuelle. Les quatre systèmes de représentation peuvent se combiner entre eux. Dans l'expérience de « la madeleine » de Marcel Proust, nous rencontrons quelques synesthésies intégrées à un processus que la PNL appelle *l'ancrage*. Intéressons-nous ici uniquement aux phénomènes de synesthésie : à partir d'une sensation gustative (la madeleine et le thé), Marcel Proust retrouve des images visuelles, des évocations auditives et une « joie extra-corporelle ».

Le décodage des stratégies d'apprentissage requiert une grande aisance quant au repérage des synesthésies puisque, selon la formule de Britt Mari-Barth [1], « aucun apprentissage n'est enfermé dans un seul canal ».

1. *L'apprentissage de l'abstraction*, Paris, Retz, 1987.

COMMUNICATION PÉDAGOGIQUE ET « VAKO/G »

Tout formateur cherche à enrichir sa communication pédagogique. Les neuro-sciences nous apprennent que la démarche qui consiste à répéter la même information plusieurs fois de la même façon peut bloquer la prise d'information. Il est effectivement préférable d'enrichir la communication en jouant avec la gamme des multimodalités sensorielles et en utilisant tous les systèmes de perception et de représentation : représentations visuelles, évocations auditives non monocordes, kinesthésies tactiles, gestuelles ou émotionnelles.

Concrètement, cela signifie l'utilisation :

- des supports graphiques : diapositives, photographies, dessins, schémas ;
- des métaphores, des enregistrements sonores ;
- des expériences kinesthésiques et des contacts tactiles ;
- des expériences émotionnelles : mime, jeux de rôle, enquêtes, théâtre.

Par exemple, les enfants des classes primaires apprennent le fonctionnement du système solaire en jouant physiquement la lune, le soleil ou la terre et en vivant corporellement le phénomène de la rotation.

Au niveau du discours et du langage verbal, les différents systèmes de représentation sont exprimés par des mots spécifiques à chacune des modalités. Voici quelques mots ou prédicats dans les différentes modalités ou canaux sensoriels :

- *registre visuel* : regarder, observer, remarquer, représenter, illustrer ;
- *canal auditif* : dire, raconter, discuter, entendre ;
- *canal kinesthésique* : ressentir, vivre.

L'identification des prédicats et de leurs systèmes de représentation est l'objet du chapitre suivant.

Deux exercices vous permettent de vous familiariser avec le quadruplé « VAKO/G ».

LES SOUS-MODALITÉS SENSORIELLES

Chaque système de représentation se divise en sous-modalités. Une sous-modalité est une caractéristique ou un paramètre d'un système de représentation : la luminosité est une sous-modalité du système visuel. La connaissance des systèmes de représentation permet au formateur ou conseiller d'enrichir ses communications, celle des sous-modalités élargit considérablement le champ d'intervention de ses compétences.

De nombreuses techniques de changement, créées par les praticiens PNL, utilisent les modifications des sous-modalités pour modifier état présent insatisfaisant et problématique.

ENRICHIR L'OBSERVATION ET SES REPRÉSENTATIONS AVEC LES SOUS-MODALITÉS

Les sous-modalités peuvent aider tout en apprenant à affiner ses capacités d'observation, ses représentations visuelles, ses évocations auditives et ses modalités kinesthésiques. Imaginons une personne ayant pour tâche l'observation d'une carte, d'un objet ou d'une expérience. Le formateur peut guider l'observation à l'aide de quelques-unes des sous-modalités visuelles sélectionnées avec soin et en fonction de l'objectif et du contexte de l'apprentissage. S'il s'agit d'un objet, le formateur peut solliciter :

– les sous-modalités *visuelles* : si vous regardez l'objet, observez quels sont les couleurs ? les contrastes ? Faites-vous-en une image. Si c'était un animal, ce serait : ....

– les sous-modalités *auditives* : produit-il des sons ? ces sons sont-ils aigus, de quelle intensité ? etc.
– les sous-modalités *kinesthésiques* : quelle est la texture de l'objet ?

Comment est l'élasticité, le poids, le volume ?

Après ce travail perceptuel utilisant les sous-modalités, le formateur propose un exercice de représentation. Pour cela, les stagiaires ou les élèves sont invités à :
– fermer les yeux et à se représenter l'objet mentalement ;
– imaginer l'objet changer de taille, à le voir plus grand ;
– le rapprocher ou à l'éloigner ;
– augmenter sa luminosité en imaginant un projecteur sur l'objet ;
– entendre les sons caractéristiques de cet objet ;
– sentir les irrégularités à sa surface, etc.

Ce type d'exercice permet un entraînement dans des registres et des sous-modalités que les élèves ou les stagiaires n'utilisent pas spontanément.

Les sous-modalités peuvent être d'une aide considérable pour travailler l'imagination pour des jeunes qui pensent qu'ils n'ont pas d'idées originales en rédaction. Les aider à enrichir leur production écrite à l'aide de guides de sous-modalités est une des utilisations pédagogiques possibles.

Les sous-modalités visuelles

Taille, proportions, contraste, soit dans l'image, soit hors de l'image, position, forme, couleur, luminosité, intensité, opacité, transparence, brillance, netteté, symétrie, volume, profondeur de champs, perspective, contexte, cadre, premier plan, arrière-plan, angle de vue, taille de l'objet central, source lumineuse, etc.

Les sous-modalités auditives

Rythme, fréquence, hauteur, tonalité, timbre, silence, intensité, cadence, monophonie, stéréophonie, quadriphonie, synchronicité, amplitude, tempo, résonance, registre, harmonie, pause.

Les sous-modalités kinesthésiques

Température, texture, densité, élasticité, flexibilité, rigidité, durée, orientation, poids, pression, intensité, localisation, sécheresse, humidité, étendue, mouvement, inertie, dynamisme.

2 Les prédicats : l'écho de l'expérience subjective

Nous pouvons identifier les systèmes de représentation en prêtant attention aux prédicats utilisés par notre interlocuteur. Le terme prédicat inclut adjectifs, verbes, adverbes.

Ce chapitre va répondre aux questions suivantes :

– Quels sont les différents registres de prédicats ?
– Comment identifier le système de représentation dominant ou préférentiel chez un sujet ?
– Comment le formateur peut-il calquer le système de représentation dominant d'un stagiaire ?
– Comment un enseignant peut-il se synchroniser avec les prédicats de ses élèves ?

Imaginons une personne, un élève, un enseignant ou un formateur qui utilise des prédicats dans le *système visuel* ; cette personne dira, par exemple :

« Je ne peux pas le voir en peinture » ;
« C'est évident », « Je vois très clairement la solution » ;
« C'est clair comme de l'eau de roche ».

Des représentations *auditives* sont évoquées dans les phrases ou expressions suivantes :
« Ça sonne faux », « Je n'entends pas ce que tu veux dire » ;
« Elle me casse les oreilles », « Ça me parle », « J'entends bien ».

Des prédicats *kinesthésiques* sont exprimés dans les exemples suivants :
« Il a vraiment les pieds sur terre », « Je savais ma leçon sur le bout des doigts », « Ça me prend la tête », « Je le sens bien ».

Des représentations *olfactives* ou *gustatives* sont énoncées dans les propos suivants :
« Ce prof m'a dans le nez », « Il ne peut pas me sentir », « J'ai l'eau à la bouche ».

Voici une liste non exhaustive de quelques prédicats exprimés dans les canaux visuel, auditif, kinesthésique, olfactif et gustatif.

QUELQUES PRÉDICATS REPRÉSENTATIFS DU CANAL VISUEL

VERBES	EXPRESSIONS	NOMS, ADJECTIFS
Voir ; Montrer ; Clarifier ; Repérer ; Eclaircir ; Visualiser ; Observer ; Illuminer ; Eclairer ; Briller ; Assombrir ; Rayonner.	La vie en rose ; C'est tout vu ; Rire jaune ; Une peur bleue ; Voir rouge ; En voir de toutes les couleurs ; Une colère noire ; Voir 36 chandelles ; Un miroir aux alouettes ; A première vue ; Un avenir sombre.	Clarté ; Netteté ; Transparence ; Luminosité ; Teintes ; Observateur ; Horizon ; Distance ; Flou ; Vague ; Brumeux ; Coloré ; Brillant ; Obscur ; Perspective ; Image ; Illustration.

QUELQUES PRÉDICATS REPRÉSENTATIFS DU CANAL AUDITIF

VERBES	EXPRESSIONS	NOMS, ADJECTIFS
Dire ; Entendre ; Parler ; Ecouter ; Exprimer ; Crier ; Sonner ; Retentir ; Hurler ; Soliloquer ; Chanter ; Emettre ; Répéter ; Dialoguer ; Questionner ; Harmoniser ; Résonner.	Son de cloche ; A contre-temps ; Faire la sourde oreille ; Tendre l'oreille ; Entrer par une oreille et sortir par l'autre ; Faire des messes basses ; Sur la même longueur d'onde.	Audible ; Bruit ; Mélodieux ; Dialogue de sourd ; Rythme ; Tonalité ; Sonorité ; Plus ou moins fort ; Discordant ; Cacophonie ; Musicalité ; Symphonie ; Harmonie.

QUELQUES PRÉDICATS REPRÉSENTATIFS DU CANAL KINESTHÉSIQUE

VERBES	EXPRESSIONS	NOMS, ADJECTIFS
Sentir ; Toucher ; Saisir ; Emouvoir ; Frapper ; Atteindre ; Tenir ; Contacter ; Attendrir ; Maîtriser ; Eprouver ; Ressentir ; Palper ; Pressentir ; Transporter ; Prendre ; Attraper ; Heurter ; Manipuler ; Encaisser ; Craquer ; Presser.	En avoir plein le dos ; Marcher à côté de ses pompes ; Les pieds sur terre ; Gros sur le cœur ; La tête sur les épaules ; Prendre à cœur ; Garder le contact ; Plein de bon sens ; A croquer ; Le poids des mots ; Avoir la main sur le cœur.	Froid ; Chaud ; Sensible ; Tendre ; Excité ; Calme ; Relaxé ; Solide ; Mou ; Dur ; Ferme ; Chaleureux ; Concret ; Affectif ; Emouvant ; Résistant ; Indifférent ; Décontracté ; Coincé ; Pression ; Sentiments ; Emotions ; Tension ; Sensibilité ; Vécu ; Contact ; Touché ; Ressenti.

QUELQUES PRÉDICATS REPRÉSENTATIFS
DU CANAL GUSTATIF ET DU CANAL OLFACTIF

VERBES	EXPRESSIONS	NOMS, ADJECTIFS
Goûter ; Savourer ; Tester ; Humer ; Sentir ; Flairer ; Déguster ; Se délecter ; Aspirer ; Parfumer.	Avoir le goût de... ; Avoir le nez fin ; Mets qui flatte le palais ; Avoir du flair.	Salé ; Epicé ; Relevé ; Doux ; Amer ; Sucré ; Savoureux ; Pimenté ; Odeur ; Puanteur ; Délice ; Gourmant ; Pimenté

DES VERBES NON SPÉCIFIQUES

Certains verbes sont désignés comme *non spécifiques* parce qu'ils n'identifient pas un système sensoriel particulier ou parce qu'ils peuvent s'appliquer à plusieurs systèmes sensoriels. Voici quelques exemples de verbes non spécifiques :

considérer ; changer ; apprendre ; comprendre ; croire ; penser.

IDENTIFIER ET REPRODUIRE LES PRÉDICATS DE L'AUTRE : LA SYNCHRONISATION DES PRÉDICATS

La capacité à repérer, diagnostiquer et à reproduire les prédicats de son interlocuteur améliore la qualité de la relation et de la communication. Ne pas harmoniser ses prédicats avec l'autre produit rapidement un dialogue de sourds. Par contre, en calquant nos prédicats à ceux de nos interlocuteurs, nous communiquons à ceux-ci, à un niveau conscient et inconscient, que nous sommes en contact avec leur expérience actuelle. Nous signifions à notre partenaire ou consultant que nous « parlons son propre langage ». Carl Rogers, fondateur de la « thérapie centrée sur le client » et du concept « d'empathie », pratiquait avec un grand art la synchronisation des prédicats. Richard Bandler et John Grinder ont mis en évidence cette capacité de synchronisation chez Milton Erickson, Virginia Satir et Fritz Perls. Selon ces auteurs, la synchronisation des prédicats est une condition de cette capacité exceptionnelle à entrer dans le modèle du monde de son client qu'ils appellent le *rapport* exposé dans le chapitre 2 de l'exposé 3. Richard Bandler et John Grinder proposent concrètement d'identifier le système préférentiel ou principal d'une personne et d'utiliser des prédicats de ce système dominant. Il s'agit de se synchroniser verbalement avec le système de représentation principal de l'interlocuteur.

Le système principal d'une personne est celui où elle s'exprime le plus souvent. Pour définir le système principal chez les personnes qui utilisent de préférence des prédicats non spécifiques, nous cherchons à ce que cet individu produise des réponses dans un système sensoriel précis. Pour cela, vous lui demandez « comment sais-tu cela ? » si savoir est le verbe non spécifique.

Une autre attitude peut consister à utiliser des prédicats spécifiques à un système sensoriel précis et repérer les réponses de l'interlocuteur. Imaginons un dialogue entre un enseignant et un élève qui dit ne pas comprendre. Comprendre est typiquement un verbe non spécifié sensoriellement. L'enseignant peut soit demander à l'élève « comment sais-tu que tu ne comprends pas ? », soit utiliser des prédicats dans les trois canaux sensoriels les plus usités. Dans ce cas, l'enseignant peut demander à l'élève « comment pourriez-vous voir le problème ? » ou « comment vous l'expliquer pour que ça sonne juste pour vous ? » ou encore « comment vous l'expliquer pour que vous le ressentiez mieux ? ». L'enseignant traduit les verbes non spécifiques dans les systèmes visuels, auditifs et kinesthésiques.

3 Les mouvements oculaires : le miroir de l'expérience subjective

John Grinder et Richard Bandler ont observé au cours de training de gestalt-thérapie que certains micromouvements comme les mouvements des yeux allaient de pair avec certains systèmes de représentation.

Lorsque les yeux d'une personne qui se trouve en face de vous sont :
– en haut et à gauche : le système de représentation de celle-ci est *Visuel construit ;*
– en haut et à droite : le système de représentation est *Visuel remémoré ;*
– au milieu et à gauche : le système de représentation est *Auditif construit ;*
– au milieu et à droite : le système de représentation est *Auditif remémoré ;*
– en bas et à gauche : le système de représentation est *Kinesthésique ;*
– en bas et à droite : le système de représentation est *Auditif digital ;*
– en face et au milieu avec les pupilles légèrement dilatées : le système de représentation est *Visuel.* Les mouvements des yeux sont défocalisés.

Les illustrations ci-dessous montrent les mouvements oculaires d'une personne droitière que vous regardez : il s'agit des mouvements observables sur votre interlocuteur et non pas des vôtres.

Il y a sept accès oculaires pour les personnes droitières :

1. V^r indique que la personne recherche une image-souvenir ; une image remémorée.
2. V^c indique que la personne construit une image et une représentation visuelle.
3. A^r signifie qu'elle se rappelle un son, un discours, des paroles ou des bruits.
4. A^c correspond à la construction d'un son, d'une parole ou d'un bruit.
5. A_d^i désigne un dialogue interne que la personne s'énonce à elle-même à la première personne.
6. K désigne un ressenti, une émotion ou une sensation kinesthésique.
7. Une dilatation des pupilles et un regard défocalisé sont le signe d'un processus visuel interne.

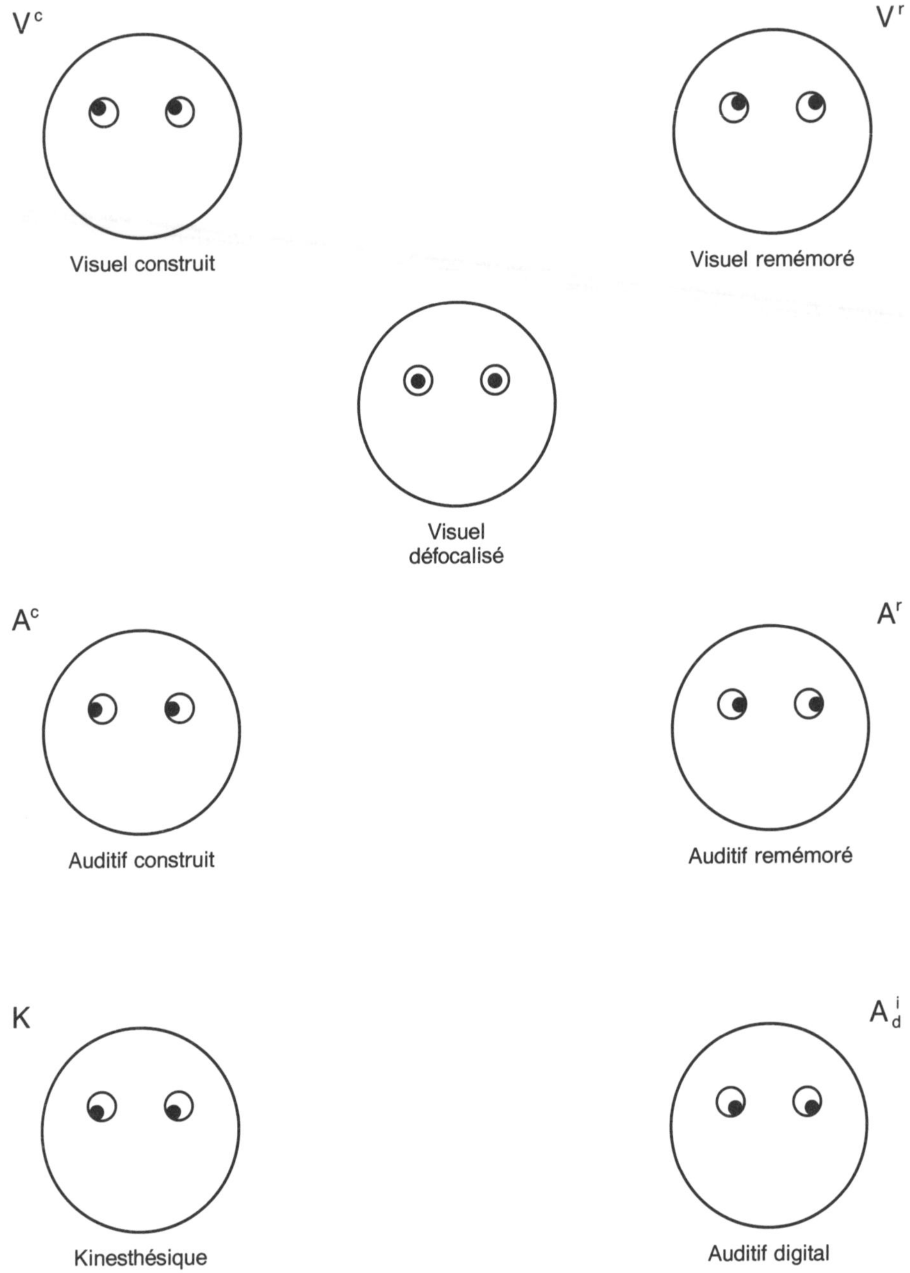

Les mouvements oculaires de votre interlocuteur

Les mouvements oculaires sont le plus souvent inversés chez les personnes gauchères mais ce n'est pas systématique.

Très souvent, les commentaires concernant les mouvements des yeux comportent de sévères jugements de valeur. En PNL, l'observation des mouvements oculaires ou calibration ne se confond pas avec interprétation. Les exemples d'interprétation que nous vous proposons furent recueillis dans l'institution scolaire.

INTERPRÉTATION	CALIBRATION
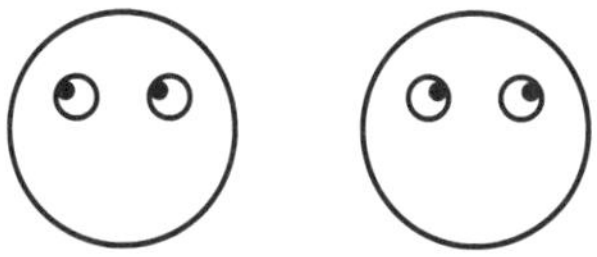	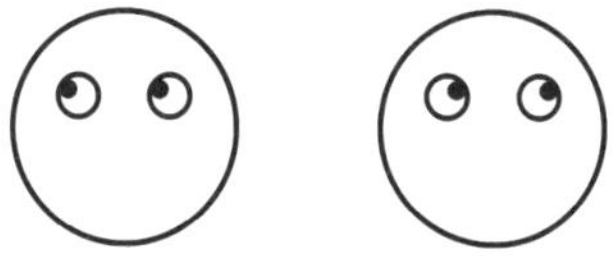
– il est dans la lune ; – élève rêveur ; – il regarde les mouches voler ; – il est ailleurs ; – il n'écoute pas, il a le nez en l'air ; – il s'ennuie en cours ; – il lève les yeux au ciel pour trouver l'inspiration.	Visuel construit — Visuel remémoré

INTERPRÉTATION	CALIBRATION
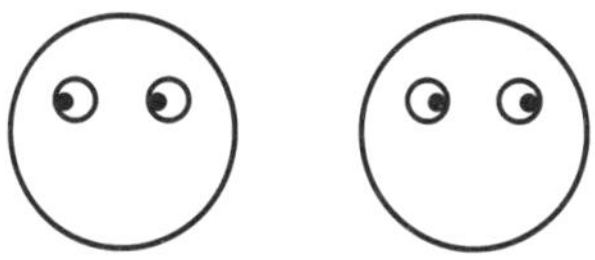	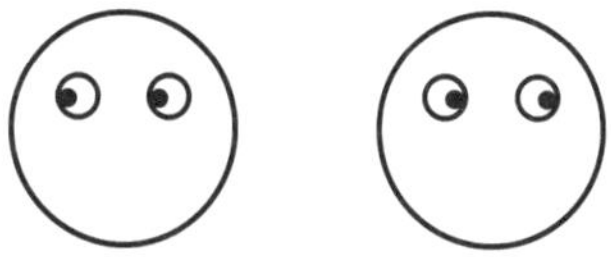
– il n'a pas un regard franc ; – il copie sur son voisin ; – il est sournois ; – il prépare un mauvais coup ; – il a toujours un œil sur la feuille du voisin.	Auditif construit — remémoré

INTERPRÉTATION	CALIBRATION
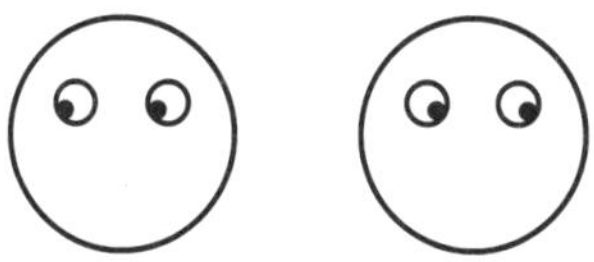	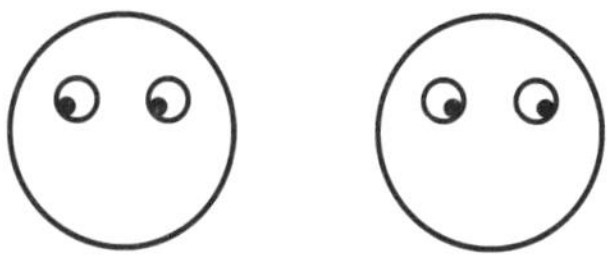
– il est timide, réservé ; – il a l'air buté ; – il est dans sa coquille ; – il fait ses coups en douce ; – on ne l'entend pas.	Kinesthésique — auditif digital interne

SYSTÈME CONDUCTEUR ET SYSTÈME DE REPRÉSENTATION

Robert Dilts affine l'étude des relations entre les mouvements oculaires et les systèmes de représentation en distinguant d'une part : le *leading system* ou système conducteur et, d'autre part, le système de représentation principal :

– *le système conducteur* est celui dont se sert le sujet pour chercher l'information ;

– *le système de représentation principal* est celui par lequel le sujet donne sens à cette information.

Par exemple, si vous demandez à un candidat au baccalauréat « quelle sensation peut procurer la réussite à cet examen », et si vous observez les mouvements oculaires de celui-ci, il peut, par exemple, déplacer les yeux en haut et à droite de votre point de vue (V^r), puis en haut et à gauche (V^c), puis en bas et à gauche (K), le premier système utilisé par ce jeune est le système de représentation visuel : ce système visuel lui sert de guide pour aller à la recherche de l'information. Le système visuel est son système conducteur. Il se rappelle peut-être une image souvenir comme la réussite au brevet des collèges avant de construire une image de la réussite au baccalauréat.

Après ces représentations visuelles, il ressent une émotion de réconfort ou autre. Le second système de représentation (K) est le système de représentation principal ou préférentiel. Cette distinction entre les deux systèmes de représentation est observable entre les mouvements oculaires et les prédicats. Une personne vous dit : « je ne me sens pas bien aujourd'hui » et vous observez des mouvements oculaires vers le haut. Les prédicats sont dans le système kinesthésique alors que les mouvements oculaires sont visuels. Les mouvements oculaires indiquent un système conducteur visuel dont la personne se sert pour accéder à son expérience. Les prédicats indiquent le système de représentation principal : cette personne est consciente de son expérience kinesthésique et vous l'exprime. Ce dont cette personne n'est pas consciente, c'est du système de représentation visuel qui la conduit à cette sensation et expression de mal-être. Il peut s'agir d'une image construite ou remémorée d'une situation pénible ou désagréable. Etre capable de différencier le système de représentation principal et le système conducteur joue un rôle très important dans le décodage et l'installation d'une stratégie. Une initiation à cette distinction est l'objectif de l'exercice 5.

MOUVEMENTS OCULAIRES ET APPRENTISSAGE DE L'ORTHOGRAPHE

François Loiselle, qui travaille à la faculté de Sciences sociales de Moncton, a testé auprès d'enfants la découverte des mouvements oculaires.

L'objectif de son étude était d'analyser les relations entre les mouvements oculaires et la capacité à mémoriser des mots sans signification.

> Quarante-quatre personnes sont réparties en quatre groupes. Chaque groupe reçoit une consigne différente :
>
> 1er groupe : former une image en mettant les yeux en haut et à gauche : V^r.
>
> 2e groupe : former une image en mettant les yeux en bas et à droite : A^i_d
>
> 3e groupe : une image sans indication de position oculaire.
>
> 4e groupe : étudier les mots.
>
> Le premier groupe qui a reçu la consigne de former une image en mettant les yeux en haut et à gauche a des performances très supérieures aux trois autres groupes.

En langage PNL, nous dirions que les mouvements oculaires en visuel remémoré facilite la mémorisation.

EXERCICES D'ENTRAINEMENT A LA CALIBRATION DES MOUVEMENTS OCULAIRES

Avant de poursuivre votre lecture, prenez le temps de vous familiariser avec l'observation des mouvements oculaires. Posez ces quelques questions à une personne de votre entourage et observez ses mouvements oculaires, sans le lui dire. Une certaine distance entre vous et la personne interviewée est nécessaire, eu égard aux lois de la proxémie exposée dans le chapitre sur la communication non verbale.

– Quelle est l'odeur de votre parfum préféré ? Sentez-le.

K

– Ecoutez et fredonnez silencieusement votre chanson favorite ou votre air de musique préféré.

A^r

– Imaginez votre voiture vert pré, pleine de tags.

V^c

– Faites-vous une image précise du drapeau tricolore.

V^r

– Entendez *La Marseillaise* chantée par Johnny Halliday ou Jacques Higelin.

A^c

L'observation des mouvements oculaires est délicate dans la mesure où les micro-mouvements sont très nombreux. Pour calibrer les mouvements oculaires selon le schéma de la PNL, il est nécessaire que la personne observée soit bien dans l'expérience. Si vous lui demandez, par exemple, de sentir l'odeur de son parfum préféré, cette personne peut visualiser la bouteille, se rappeler la dernière fois où elle s'est parfumée, entendre le bruit du diffuseur ou se commenter la scène avant de réussir à sentir l'odeur du parfum, etc. Ses mouvements oculaires seront, donc, très nombreux. La grille PNL des mouvements oculaires est à utiliser avec prudence. Plusieurs chercheurs américains ont enregistré, en laboratoire, les mouvements oculaires de sujets qui recevaient les consignes suivantes :

- voir un coucher de soleil, un visage,
- entendre la klaxon d'une voiture,
- sentir une sensation de faim,
- ressentir les impressions musculaires quand on monte un escalier en courant,
- sentir l'odeur de peinture fraîche ou le goût du chocolat.

Ces recherches ne confirment pas la grille des mouvements oculaires de la PNL. Les interprétations hâtives sont donc à éviter.

QUELQUES APPLICATIONS DES MOUVEMENTS OCULAIRES DANS UNE CLASSE OU AVEC UN GROUPE

Apprendre à mémoriser

– Précisez aux élèves l'objectif de la tâche : mémoriser une information, un mot inconnu en cours de langue, etc.

– Utilisez des cartes et placez-les en haut.

– Demandez-leur de fermer les yeux et de revoir dans leur tête, de se le redire, de l'écrire en l'air avec leur doigt.

– Faites-leur ensuite inscrire l'information sur une feuille et comparez avec le modèle.

Multiplier les supports visuels

– Utilisez les couleurs pour différencier les règles de grammaire, les racines carrées, les puissances.

– Utilisez des affichettes hebdomadaires accrochées en haut de la classe pour faciliter l'orthographe des mots difficiles.

Un questionnaire, testant vos capacités à diversifier les différents systèmes de représentation en situation de formation, se trouve dans la partie pratique.

Troisième Exposé

LE RAPPORT : LE PASSEPORT DE LA COMMUNICATION

1 La calibration : l'art de percevoir les différences chez l'autre

APPRENDRE A OBSERVER

Nous pouvons observer des macro-mouvements ou des micro-mouvements. Lorsqu'une personne attend l'affichage des résultats d'un concours, elle peut faire les cent pas, raconter des histoires, fumer cigarette sur cigarette, se ronger les ongles ; il s'agit ici de macro-mouvements puisqu'ils concernent la posture, les gestes ; ils sont observables facilement. D'autres mouvements sont dénommés micro-mouvements car ils sont moins perceptibles : par exemple serrer les mâchoires, froncer les sourcils, avoir la respiration coupée, etc. Nous sommes beaucoup plus conscients de nos macro-mouvements que de nos micro-mouvements dont nous sommes le plus souvent inconscients.

Calibrer, en PNL, consiste à repérer le maximum de modifications de comportements, de micro ou macro-mouvements associés à un état interne. Dans l'exemple cité précédemment, l'état interne de cette personne peut être celui d'une attente anxieuse ou d'une peur de l'échec, d'une insécurité ou d'un défi à relever. La PNL offre des grilles d'observation d'indicateurs comportementaux comme les mouvements oculaires, la coloration de la peau, les gestes, la posture, la tonalité de la voix, la respiration. La calibration est l'observation et l'évaluation d'indicateurs comportementaux liés à un état psycho-sensoriel déterminé. La calibration nécessite la comparaison avec un état de référence préalablement établi. Calibrer, c'est percevoir des différences et des modifications observables, descriptibles et reproductibles entre un moment t_1 et t_2. Rappelons ici que la PNL est un modèle *pragmatique.*

DE L'UTILITÉ A LA CALIBRATION

Citons quelques utilisations possibles de la calibration dans le domaine de la formation et du conseil :

– être capable de détecter les comportements associés à un état émotionnel permet d'interrompre l'installation d'un état interne désagréable dès ses premières manifestations ;
– calibrer les changements dans le comportement externe, l'état interne chez un stagiaire ou un consultant entre le début d'un entretien et la fin de celui-ci est un critère et un outil d'évaluation qualitatif haut de gamme ;
– servir de feedback à l'observateur. Un élève peut nous dire qu'il a compris mais nous pouvons calibrer, au niveau de la communication non verbale, qu'il présente le même état de tension qu'au moment où il est venu nous demander des explications. Il peut nous dire qu'il a compris pour tout un tas de raisons comme, par exemple, nous faire plaisir, ne pas passer pour un imbécile plus longtemps, ne pas nous ennuyer plus, mais nous observons que son comportement ne présente aucune détente.

La calibration permet la synchronisation et la communication.

CALIBRER LES MODIFICATIONS DE LA RESPIRATION

Nous pouvons lire de la plume d'Antonin Artaud, dans *Le théâtre et son double* [1], cette phrase merveilleuse : « Le souffle accompagne le sentiment et on peut pénétrer dans le sentiment par le souffle, à condition d'avoir su discriminer dans les souffles celui qui convient à ce sentiment. »

La relation entre état émotionnel et respiration est à la base de toutes les techniques de relaxation, des exercices de yoga, des arts martiaux comme le Taï chi chuan. Elle est l'outil privilégié de l'induction hypnotique dans le domaine thérapeutique.

La respiration ponctue toute notre expression verbale. Nous avons tous bredouillé de peur devant un enseignant qui nous interrogeait sur une leçon non apprise ou devant un officier de police qui nous arrêtait en état d'infraction au code de la route. Nous avons tous utilisé l'expression « avoir le souffle coupé » dans une situation d'éblouissement ou de panique. Ecoutez la rapidité ou la lenteur d'élocution d'une personne en colère, d'un individu triste. Savoir calibrer, c'est devenir capable de discriminer ces modifications dans une communication.

LA RESPIRATION ET LES ÉMOTIONS

Des chercheurs américains ont enregistré les rythmes respiratoires spécifiques à certaines émotions comme la tendresse, le désir érotique, la colère, la joie, le rire, la tristesse, les pleurs, la peur. Ils enregistrent les variations portant sur le rythme, l'amplitude, la fréquence et la complexité des mouvements respiratoires. A chaque état émotionnel correspond une configuration respiratoire caractéristique.

Susana Bloch introduit son article « Emotion ressentie, émotion recréée » [2] en observant que : « Dans chaque émotion fondamentale entrent non seulement une expression faciale ou une posture, mais également un rythme respiratoire. Ce dernier est si important qu'il est possible d'induire un état émotionnel voulu en invitant le sujet à en reproduire la respiration caractéristique. Outre l'intérêt d'un tel phénomène au plan scientifique, il a été possible de l'utiliser pour entraîner des comédiens. » Delphine Seyrig mentionne ces méthodes d'apprentissage à l'Actor Studio de New York dans ses entretiens à France Culture. Milton Erickson induisait un état de transe hypnotique à l'aide d'une synchronisation de la respiration de son patient. Les fondateurs de la PNL accordent une importance considérable à l'attention portée par le praticien à la

1. Antonin Artaud, *Le théâtre et son double*, Folio-essais, Paris, Gallimard, 1985.
2. Susana Bloch, « Emotion ressentie, émotion recréée », *Science et vie*, numéro 168, septembre 1989.

calibration et la synchronisation de la respiration du sujet : elle est la clé d'une relation harmonieuse du « rapport ».

CARACTÉRISTIQUES DES ÉMOTIONS

Susana Bloch relate les études qui situent les attitudes corporelles caractéristiques des émotions évoquées précédemment selon deux pôles : celui de l'attitude corporelle de relaxation d'une part et d'autre part celui de la tension. Du côté de la relaxation se trouvent les émotions de la tristesse et de la tendresse, tandis que du côté de la tension sont présentes la colère et la peur. Ces recherches distinguent également, en fonction des muscles mis en tension, les attitudes d'évitement et d'approche. La colère et la tendresse se situent vers le pôle de l'approche alors que la peur et la tristesse produisent plutôt l'évitement, le recul ou l'immobilisation figée et le repli. Dans le cas du trac aux examens, aux contrôles ou aux entretiens d'embauche, il s'agit souvent d'une peur passive ou d'une immobilisation figée.

En PNL, des chercheurs ont mis en relation les schémas respiratoires et les systèmes de représentation visuel, auditif, kinesthésique, olfactif ou gustatif.

Se synchroniser sur le rythme respiratoire de son patient et conduire l'entretien en amenant votre interlocuteur à modifier son rythme respiratoire est une technique de conduite d'entretien très puissante et très discrète. Cette technique est très largement utilisée dans le champ thérapeutique hypnotique. Elle nécessite un apprentissage long et difficile.

Dans un entretien, vous pouvez commencer par apprendre successivement à :

– repérer le rythme respiratoire de votre interlocuteur, en observant les légers mouvements des épaules, en écoutant son rythme d'élocution ;

– adopter le même rythme afin de ressentir son état émotionnel interne ;

– modifier progressivement votre rythme et par là même le sien.

CALIBRER LES CHANGEMENTS DE POSTURE ET DE TONUS MUSCULAIRE

Chaque émotion ou état interne est caractérisé par un rythme respiratoire et des expressions faciales, des postures, des caractéristiques du tonus musculaire. Denis Diderot estime que le talent de l'acteur « consiste non pas à sentir, comme vous le supposez, mais à rendre si scrupuleusement les signes extérieurs du sentiment que vous vous y trompez » (*Le paradoxe du comédien*, 1757). Antonin Artaud, quant à lui, se demande si l'acteur n'est pas un « athlète affectif ». Les écoles de formation théâtrale appliquent les découvertes de la communication non verbale. Ne leur laissons pas ce privilège.

Le tableau 1 résume les découvertes portant sur les relations entre, d'une part, les systèmes de représentation et, d'autre part, la posture et le tonus musculaire.

CHANGEMENTS DANS LA VOIX ET COMMUNICATION DES AFFECTS

La voix est un indicateur de l'état affectif de notre interlocuteur. Des études chez les pilotes et les astronautes font état d'indicateurs vocaux du stress : de brusques variations dans les intonations, une concentration dans les bandes de fréquence

élevée. Ruth Menahem, dans sa contribution, *La voix et la communication des affects* [3], mentionne deux « patterns » caractéristiques des émissions vocales :
– amplitude et intensité élevée, tempo rapide, fréquence fondamentale élevée ;
– amplitude faible et variable, intensité basse, tempo lent et fréquence fondamentale basse.

La voix est au carrefour des processus physiologiques et psychologiques.

Les chercheurs n'ont pas trouvé un profil spécifique et permanent pour chaque état émotionnel. Les chercheurs praticiens de la PNL ont étudié de nombreux indicateurs comportementaux qui diffèrent selon les systèmes de représentation.

La calibration exige du communicateur une acuité sensorielle perfectionnée. Les exercices d'acuité sensorielle vous sont proposés et, selon nous, ils doivent précéder les exercices de calibration.

Tableau 1

LA CALIBRATION DES SYSTÈMES SENSORIELS

VISUEL	AUDITIF	KINESTHÉSIQUE
Mouvements oculaires – en haut 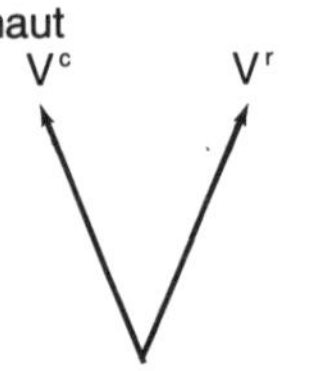 – en haut, à droite : visuel remémoré V^r – en haut, à gauche : visuel construit V^c	– mouvements latéraux – en bas, à droite 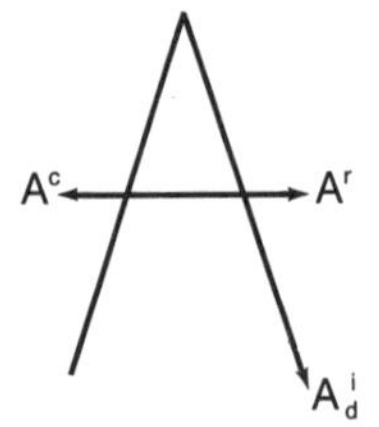 – Auditif remémoré – Auditif construit – Auditif digital interne	– en bas et à gauche 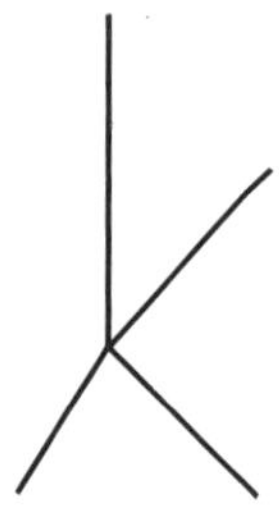 Kinesthésique
Gestes – gestes vers le haut	– gestes au niveau des yeux, des épaules	– gestes vers le bas du corps
Autres indicateurs – dilatation des pupilles – yeux défocalisés	– fredonnement – émission de bruits	– rougissements soudains – gestes soudains

Chaque communicateur peut s'entraîner à repérer un indicateur différent par semaine. Etre capable d'observer tous les indicateurs nécessite une renommée internationale. Chacun peut se perfectionner dans le registre où il se sent le plus à l'aise tout en

3. Ruth Menahem, « La voix et la communication des affects » dans *Les émotions*, Rimé B. et Sherer K., Delachaux et Niestlé, 1989.

gardant à l'esprit qu'un seul indice ne permet ni une calibration ni une synchronisation harmonieuse. Pour les praticiens en PNL, il est fondamental d'observer les différences de plusieurs indicateurs comportementaux.

CONCLUSION

Les systèmes de représentation sensoriels de notre interlocuteur peuvent être repérés par l'observation des mouvements oculaires, des changements de rythmes respiratoires, des modifications du tonus musculaire, des variations dans la tonalité et le tempo de la voix, etc. Il est sans doute plus aisé d'observer les mouvements oculaires, la posture et les gestes que la respiration. Parmi tous ces indicateurs comportementaux, les schémas respiratoires sont les plus performants puisque la reproduction du rythme respiratoire permet de contacter un état émotionnel ou de le produire. La pratique de la calibration est possible dans les cadres de l'entretien individuel, familial ou dans un groupe.

2 Créer le rapport : établir une communication harmonieuse et conduire l'entretien

Nous établissons spontanément le *rapport* dans de très nombreuses situations. Regardez deux ami(e)s converser ensemble et vous observerez qu'ils sont à une certaine distance, qu'ils ont la même posture et vous avez l'impression qu'ils sont sur la même longueur d'ondes ou que le courant passe. Le rapport est cet état de plus grande réceptivité et communication interactionnelle. L'établissement du rapport est la clé de toute communication. Nous essaierons dans ce chapitre d'apporter quelques éléments de réponses aux questions suivantes :
– qu'est-ce que le rapport ?
– pourquoi est-il nécessaire pour un formateur d'établir le rapport ?
– comment un formateur peut améliorer la qualité de son rapport avec ses groupes de formation ?
– que signifient les termes de synchronisation ou « pacing », ceux de « leading » ou conduite d'entretien ?

Il y a une majorité d'enseignants et de formateurs qui établissent un excellent rapport avec leurs groupes, classes, élèves, stagiaires et autres personnes. En conseil de classe, ce sont toujours les mêmes enseignants qui se plaignent d'une année sur l'autre de leur classe tandis que d'autres se réjouissent de l'atmosphère chaleureuse de leur groupe.

Le rapport se caractérise par une *qualité de contact* qui peut se situer à un niveau conscient et à un niveau inconscient, à un niveau verbal et à un niveau non verbal, d'où la difficulté pour un bon communicateur de décrire le processus par lequel il établit le rapport avec les autres. C'est l'observation et la modélisation de F. Perls, M. Erickson et V. Satir par John Grinder et Richard Bandler qui leur ont permis d'établir des critères observables et reproductibles des conditions d'établissement du rapport.

CRÉER LE RAPPORT

Le mot rapport nous vient de l'hypnose du début du siècle. C'est Mesmer, le fondateur du magnétisme animal qui, à la fin du XVIIIe siècle, désigne le contact physique ou « contact effectif » avec les individus qu'il soigne à l'aide de passes magnétiques par le terme de rapport. Il ne se doutait pas qu'il désignait également le contact affectif. En anglais, le mot rapport évoque l'idée *d'harmonie affective.* Créer le rapport, c'est *créer une relation de reconnaissance et de confiance mutuelle.*

Créer le rapport, c'est rencontrer l'autre dans son modèle du monde, dans sa différence. Créer le rapport c'est se synchroniser verbalement et non verbalement.

> Créer le rapport c'est :
> – se synchroniser verbalement et non verbalement
> – +conduire l'entretien vers l'état désiré, l'objectif ou le changement.

Créer le rapport, c'est la clé de voûte de la communication.

Le rapport permet d'instaurer une harmonie relationnelle et interactionnelle profonde et inconsciente.

Sans rapport, aucune communication de qualité.

Sans rapport, toute technique est inopérante.

Sans rapport, toute intervention est du temps perdu.

La technique de base de la création du rapport est la synchronisation aux trois niveaux :
- synchronisation analogique ou comportementale,
- synchronisation digitale ou verbale,
- synchronisation culturelle.

LA SYNCHRONISATION

La synchronisation peut être verbale ou non verbale.

Synchroniser les prédicats et les systèmes de représentation de son interlocuteur sur le plan verbal consiste à opérer une synchronisation *digitale.*

La synchronisation comportementale des indicateurs comme la respiration, la posture est appelée la synchronisation *analogique.* Nous reprenons ici les différenciations des deux modes de communication – digitale ou analogique – de l'Ecole de Palo Alto. En PNL, nous parlons de synchronisation comportementale ou verbale.

La synchronisation peut être un reflet direct, ou un reflet croisé ou contre-reflet.

Se synchroniser en *miroir direct,* c'est harmoniser sa posture, ses gestes, et son rythme respiratoire avec ceux de son interlocuteur.

Se synchroniser en *miroir indirect,* c'est reproduire un comportement de notre interlocuteur (par exemple, son rythme respiratoire ou le tremblement de sa jambe) dans un autre registre comportemental (geste rythmique de la main en synchronisme avec le rythme respiratoire ou le tremblement de la jambe). Cette façon de se synchroniser est plus discrète mais très efficace. La synchronisation a pour objectif la conduite de l'entretien. Dans notre exemple précédent, le praticien ralentira progressivement la cadence des gestes de la main afin d'amener son interlocuteur à contacter un autre état interne.

1. La synchronisation analogique

Il s'agit d'harmoniser notre comportement avec celui de notre interlocuteur dans différents registres.

La synchronisation analogique comprend la synchronisation :
- de la posture,
- des gestes,
- des expressions faciales,
- de la respiration,
- de la voix : tonalité, tempo, volume, rythme, etc.

La synchronisation analogique peut être un reflet direct ou un contre-reflet.

S'accorder au rythme de la respiration

C'est la technique la plus efficace pour établir le rapport. Elle est très utilisée dans les techniques d'induction hypnotique. Dans certains stages, une petite séquence de relaxation est bienvenue lorsque vos stagiaires sont fatigués, las. Rappelons-nous que respirer sur un certain rythme déclenche une émotion particulière. Le stress se communique souvent à un tel niveau inconscient. Notre objectif, en tant que conseiller ou formateur sera de communiquer un état de relaxation pendant un entretien ou un stage. Si nous respirons au même rythme que notre interlocuteur, nous pouvons ressentir dans quel état interne il se trouve et l'amener à contacter un état meilleur.

S'accorder à la voix

Se synchroniser sur le rythme respiratoire de l'interlocuteur facilite énormément une synchronisation para-verbale, c'est-à-dire sur sa voix, son rythme d'élocution, sa tonalité, son volume. Nous parlons lorsque nous expirons. Certains enseignants énervent les élèves par leurs caractéristiques para-verbales : leur voix est trop aiguë, leur débit est trop rapide. Toutes ces spécificités para-verbales peuvent susciter des états émotionnels anxiogènes ou d'excitation.

2. La synchronisation émotionnelle

Quoi de plus énervant qu'une personne calme lorsque nous sommes en colère et inversement. Plus l'écart se creuse, plus la colère monte.

Imaginez la rencontre entre un parent et un chef d'établissement. Le premier est très énervé car son fils a été puni injustement, selon lui. Le second adopte une attitude apaisante. Durant la phase de l'entretien où l'absence de synchronisation est criante, l'irritation chez le père s'accroît au fur et à mesure que le chef d'établissement se veut de plus en plus apaisant. Le bilan de ce dialogue de sourd est catastrophique : la colère monte, l'incompréhension grandit, le malaise s'installe.

Imaginons maintenant un chef d'établissement formé à la PNL qui met en pratique la synchronisation émotionnelle et la métacommunication.

Pour cela, il quitte son attitude comportementale décontractée et se synchronise analogiquement avec le père. Verbalement, il signifie au père qu'il comprend son mécontentement. Le père qui se sent enfin écouté et compris modifie son attitude, le ton de sa voix, son rythme d'élocution. Le volume devient audible et agréable. L'entretien se déroule mieux par la suite. Ce sont les observations faites après un jeu de rôle lors d'un stage de communication et d'initiation à la PNL.

3. La synchronisation digitale

La synchronisation digitale consiste à créer le contact en utilisant les prédicats sélectionnés par son interlocuteur et à s'exprimer dans le même système de représentation principal que lui.

Si cette personne s'exprime de manière privilégiée dans un registre visuel, vous devez utiliser des prédicats du canal visuel. Si son système dominant est le registre auditif, exprimez-vous avec des prédicats auditifs. La synchronisation digitale est l'objet d'un chapitre spécifique dans l'exposé 2.

MAINTENIR LE RAPPORT POUR GUIDER

Après s'être synchronisé pour créer le rapport avec l'autre, il est nécessaire de vérifier si le rapport est maintenu au cours d'un entretien. Le praticien peut se désynchroniser volontairement. Si le rapport est établi et maintenu, le sujet va modifier son comportement pour se synchroniser sur le praticien. Si le sujet ne change rien, alors le praticien doit en conclure que le rapport est à créer. Le praticien maintient le rapport afin de guider son sujet vers un *état de ressources.* L'étude et la présentation des techniques de l'ancrage des ressources font l'objet de l'exposé suivant.

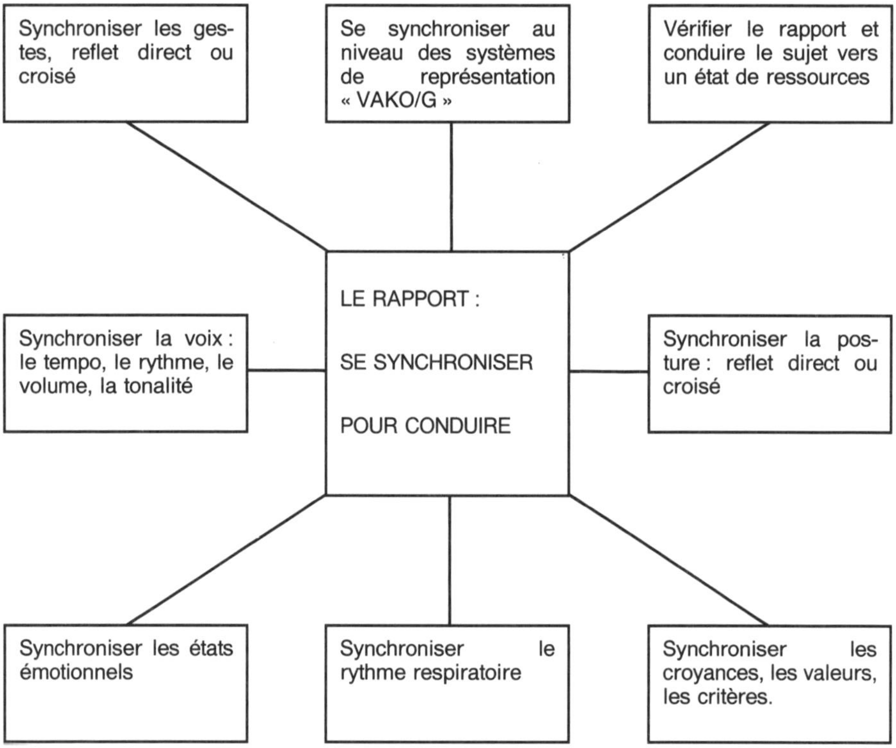

3 Le méta-modèle : poser les questions pertinentes pour obtenir les réponses spécifiques

Dans ce chapitre, nous allons nous intéresser au langage verbal. Nous savons que chaque personne crée son modèle du monde à partir de ses expériences personnelles. Le *méta-modèle* est, quant à lui, une représentation de la structure du langage qui est lui aussi une représentation de l'expérience.

Le méta-modèle se compose d'un ensemble d'outils linguistiques permettant au locuteur de recontacter son expérience sensorielle que nous appelons *expérience de référence*. Le méta-modèle est exposé de façon très détaillée dans le tome 1 de *The structure of Magic*. Dans cet ouvrage, R. Bandler et J. Grinder indiquent que : « le méta-modèle est un ensemble d'outils qui vous permettra de devenir un thérapeute plus efficace. » Dans le cadre qui nous intéresse, c'est un formateur ou un conseiller plus efficace que nous cherchons à devenir grâce au méta-modèle. Qui dit formateur ou conseiller sous-entend bien entendu que le rapport est créé et maintenu. Si tel n'est pas le cas, l'entretien utilisant les questions du méta-modèle ressemble très vite à un interrogatoire policier.

LE LANGAGE EST STRUCTURÉ : LA GRAMMAIRE GÉNÉRATIVE TRANSFORMATIONNELLE

Les linguistes qui se réclament du courant de la grammaire générative transformationnelle dégagent certaines règles de fonctionnement du langage. Le représentant le plus connu de cette école est Noam Chomsky.

John Grinder, professeur de linguistique à l'université de Santa Cruz, était rompu à la grammaire transformationnelle et a rédigé un guide dans cette discipline.

Voici quelques notions de base indispensables à la compréhension du méta-modèle de J. Grinder et R. Bandler.

STRUCTURE DE SURFACE ET STRUCTURE PROFONDE

La grammaire transformationnelle distingue deux niveaux de langage, la structure de surface et la structure profonde :
– la *structure de surface* est celle qui est proposée à un interlocuteur. C'est le discours prononcé par une personne, par oral ou par écrit, par exemple : « un stagiaire a acheté ce livre » ;
– la *structure profonde* n'est pas ou très peu exprimée dans la communication verbale. C'est le discours non dit. La structure profonde est la représentation linguistique complète dérivant de l'expérience sensorielle.

Pour R. Bandler et J. Grinder, le langage n'est qu'un système de représentation secondaire de l'expérience sensorielle.

Soit la phrase : « Un stagiaire a acheté ce livre. » La structure de surface de cette phrase peut être représentée sous la forme arborescente suivante :

La structure profonde de cette phrase peut être par exemple : « Un stagiaire a acheté ce livre d'occasion quelque part à quelqu'un pour une certaine somme, etc. » Dans la structure profonde, il y a des expériences que n'énonce pas la structure de surface. Le passage de la structure profonde à celle de surface s'accompagne d'une perte considérable d'informations et cette étape est appelée une *dérivation*. Une dérivation

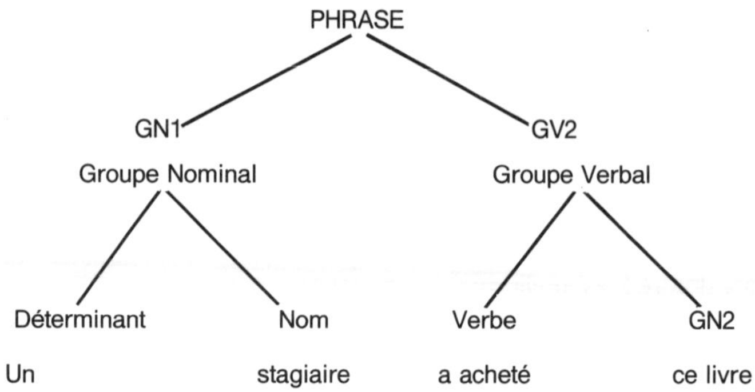

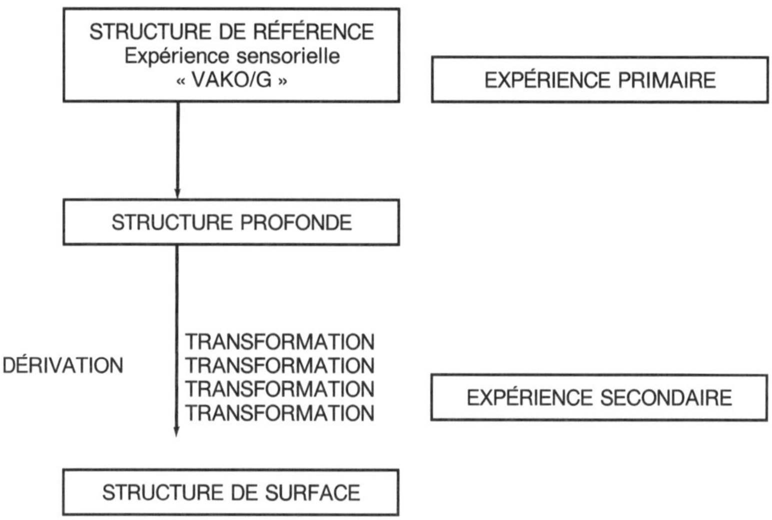

est une série de transformations. Nous regroupons dans la figure suivante l'ensemble des termes fondamentaux du méta-modèle.

Plus on se rapproche de la structure approfondie du langage, plus on a de chances de réaliser une communication de qualité.

LE MÉTA-MODÈLE

Le méta-modèle s'inspire du modèle formalisé par les linguistiques de la grammaire transformationnelle. Pour R. Bandler et J. Grinder, le thérapeute cherche à retrouver les pièces manquantes dans le discours du patient. Lorsque celui-ci communique son expérience, le thérapeute ne peut se contenter d'entendre la structure de surface. Il a à l'investiguer afin de faire émerger la structure profonde.

Le méta-modèle différencie trois processus distincts : l'omission, la généralisation et la distorsion.

1. L'omission : une partie de l'information manque

Soit la phrase : « Il travaille de moins en moins. » Est-ce à dire qu'il a travaillé à un moment ? Comment se manifeste concrètement le fait qu'il travaille de moins en moins ? Comment travaillait-il avant ? Par rapport à qui, à quoi et à quand travaille-t-il moins ? L'objectif de ces questions du méta-modèle est de recueillir les informations manquantes, omises dans l'énoncé de la phrase initiale.

2. La généralisation

Une expérience particulière dans un contexte précis est généralisée à toute une catégorie ou classe d'expériences.

Par exemple dans la phrase : « Tous les jeunes ne pensent qu'à l'argent » ou « Tous les élèves de cette classe sont nuls », il y a généralisation d'un fait constaté auprès de quelques éléments à une catégorie entière. Le méta-modèle propose dans cette situation deux techniques :

1. Demandez à votre interlocuteur sur un ton interrogatif ou naïf : tous les jeunes ? Tous les élèves sans exception ?

2. Ne connaissez-vous pas *un jeune* qui pense à autre chose ? Ou *un élève* qui réussit dans cette classe ?

3. La distorsion : la réalité est déformée

Soit l'énoncé suivant : « Il me fait toujours la même erreur. » Il y a distorsion dans la mesure où le locuteur exprime l'idée que l'erreur est faite à son intention (il me fait). Plus proche de la réalité serait le constat exprimé dans l'énoncé : « Il fait la même erreur dans cette situation-là. » Les questions du méta-modèle cherchent à réinstaller le sujet dans un rôle d'*acteur* et d'*auteur* de ces comportements.

Le méta-modèle est un ensemble d'outils linguistiques qui permet au formateur, conseiller, enseignant ou thérapeute :

- de revenir à la structure profonde du langage ;
- d'identifier une douzaine de violations sémantiques dans la communication ;
- d'utiliser des questions pertinentes face aux omissions, généralisations et distorsions.

Cette démarche a pour but de reconnecter le langage d'une personne à son expérience sensorielle spécifique et unique.

Voici les premières secondes de deux entretiens. L'un ouvre le champ de l'échange tandis que l'autre clôt le débat rapidement.

Dialogue 1 :

A. – J'ai peur.
B. – De quoi as-tu peur ?
A. – J'ai peur aux contrôles.
B. – A quel contrôle plus précisément ?
A. – Au contrôle de math.
B. – Qu'est-ce qui te fait peur concrètement, etc.

Dialogue 2 :

A. – J'ai peur.
B. – Il n'y a pas de quoi.

PREMIÈRE CATÉGORIE : LES OMISSIONS

Une omission se définit comme un processus par lequel une personne concentre son attention sur certaines dimensions de son expérience et en exclut d'autres.

L'objectif principal des questions du méta-modèle sera de recueillir les informations manquantes et d'obtenir une description plus précise du contenu.

La catégorie des omissions comprend :
- les omissions simples,
- les omissions comparatives,
- les verbes non spécifiques,
- le manque d'index de référence.

1. Les omissions simples

EXEMPLES	QUESTIONS PERTINENTES	OBJECTIF
– Je suis préoccupé	– Au sujet de quoi ? – Par qui ? Par quoi ?	
– Nos salaires sont insuffisants	– Par rapport à qui ? – Par rapport à quoi ?	– Recueillir les informations manquantes
– Il est motivé	– Par qui ? – Par quoi ?	– Spécifier le contexte
– Les parents sont absents	– Quand ? Où ? Comment ?	
– Ils sont éteints – Ils sont branchés	– Comment spécifiquement ? – A quoi ?	

2. Les omissions comparatives

Une comparaison se compose en général de deux termes à comparer. Ceci paraît une évidence et pourtant, lorsque nous communiquons, nous laissons souvent dans l'ombre le deuxième terme de la comparaison. Les conseils de classe sont un repère d'omissions comparatives ; voici quelques exemples :

a) C'est la plus mauvaise classe !
b) Ils sont trop agités.

Par les questions du méta-modèle, nous allons chercher à obtenir le standard de la comparaison ou l'autre terme de celle-ci. Par rapport à la phrase (a), nous demanderons : en quoi est-ce la plus mauvaise classe ? Comment concrètement l'est-elle ? Par rapport à quelles autres classes ? Quels sont les critères objectifs, observables, les indicateurs statistiques qui permettent une telle comparaison ? Nous tentons d'obtenir des éléments de comparaison afin d'évincer toute impression subjective. Si nous soumettons la phrase (b) à ces mêmes questions, nous apprendrons peut-être qu'ils sont agités en fin de journée. La définition du contexte a toutes les chances de relativiser considérablement la plainte.

3. Les verbes non spécifiques

Les verbes sont dits non spécifiques lorsqu'ils sont sans bases sensorielles précises. Lorsque l'on dit d'une personne qu'« elle nous a eus », nous ne spécifions pas

EXEMPLES	QUESTIONS PERTINENTES	OBJECTIF
– Il est le meilleur – C'est trop compliqué – Ça pourrait être pis – C'est le plus bavard – Concentrez-vous plus – Les conditions de travail sont de plus en plus déplorables – C'est le groupe le plus apathique – Je veux un meilleur travail – Je souhaite une attention plus soutenue	– Par rapport à quoi ? – Par rapport à qui ? – Comment spécifiquement – Que qui ? – Que quoi ? – Par rapport à quand ?	– Obtenir l'autre terme de la comparaison – Préciser le standard ou la norme de la comparaison

EXEMPLES	QUESTIONS PERTINENTES	OBJECTIF
– Cette personne m'a eu	– Comment concrètement vous a-t-elle eu ?	– Rechercher : - les détails de l'expérience ; - les bases sensorielles ; - le VAKO/G ; - les critères
– Pierre m'a battu	– De quelle manière exactement – Comment ? A quoi ? Au 100 m ou au concours général ?	
– Organisez-vous	– Comment concrètement ? – En quoi ?	
– Poursuivez vos efforts	– Vers quoi ? – En quoi ?	

comment elle nous a eus. Plus le verbe est non spécifique et moins la compréhension est aisée. Les questions du méta-modèle permettent de spécifier sensoriellement le flou initial.

Les questions du méta-modèle visent l'obtention de réponses précises dont les conséquences et les enjeux peuvent être diamétralement opposés.

4. Le manque d'index de référence

Nous nommons manque d'index de référence tout sujet ou complément absent, non défini ou vague. Dans la phrase : « On s'en moque », nous ignorons qui se moque de quoi ? Savoir qui est « on », c'est chercher à définir l'index de référence.

DEUXIÈME CATÉGORIE : LES GÉNÉRALISATIONS

Une généralisation est le processus par lequel des fragments ou des éléments du modèle du monde d'une personne se détachent de son expérience pour représenter la catégorie toute entière dont l'expérience n'est qu'un exemple. Ce processus est

EXEMPLES	QUESTIONS PERTINENTES	OBJECTIF
– Cela n'a pas d'importance	– Qu'est-ce qui n'a pas d'importance	– Préciser le sujet vague ou inexistant – Obtenir le sujet du verbe – Retrouver l'index de référence
– On est déconsidéré	– Qui est déconsidéré ? Comment l'êtes-vous ?	
– Un jour, ils verront ce dont je suis capable – Ils verront que je peux réussir	– Comment le verront-ils ? – Que pourront-ils voir ?	

extrêmement limitant pour la personne. Par exemple, dans la phrase : « je n'y arriverai pas, je n'ai jamais rien compris à cela », les généralisations : jamais et rien sont des déclencheurs efficaces pour une stratégie d'échec. Par les questions du méta-modèle, nous allons aider cette personne à spécifier le contexte et identifier l'obstacle à dépasser en précisant ce qu'elle n'avait pas compris.

Dans la catégorie des généralisations, nous différencions :
1. les quantificateurs universels ;
2. les opérateurs modaux ;
3. l'origine perdue.

1. Les quantificateurs universels

Les quantificateurs universels sont des termes qui comportent des généralisations se présentant sous la forme d'exagérations limitantes comme personne, jamais, rien, tout, toujours, etc.

EXEMPLES	QUESTIONS PERTINENTES	OBJECTIF
– Personne n'est intéressé – Il n'écoute rien – Tout le monde ne peut pas toujours réussir – Il est toujours en retard – C'est toujours comme cela – Rien ne changera	1. Amplifier le processus en abondant dans le même sens avec une tonalité interrogative : – toujours ? – jamais ? – personne ? 2. Chercher le contre-exemple : la fois ou les fois où le contraire s'est produit, en demandant, par exemple : « N'y a-t-il pas une fois où il est arrivé à l'heure ? » 3. Chercher ce qui se passerait si le contraire se produisait, en demandant : « Qu'est-ce qui se passerait si quelque chose changeait ? »	– Spécifier le contexte – Rechercher les exceptions à la règle – Chercher les valeurs du locuteur – Retrouver la finalité recherchée

2. Les opérateurs modaux

Les opérateurs modaux peuvent être de *nécessité* ou de *possibilité :*
– les *opérateurs modaux de possibilité* sont : je veux, je peux, c'est possible, c'est souhaitable, je suis capable, je pourrai, etc. ;
– les *opérateurs modaux de nécessité* sont : je dois, il faut, je suis obligé de, etc.

EXEMPLES	QUESTIONS	OBJECTIF
– Je dois le faire	– Que se passerait-il si tu ne le faisais pas ?	
– Il me faut le bac C	– Qu'est-ce que cela t'apportera ? – Que se passera-t-il quand tu l'auras ?	– Faire émerger les conséquences
– Je ne peux pas lui dire – Je ne peux pas comprendre	– Qu'est-ce qui t'en empêche ? – Qu'est-ce qui pourrait faire que ce soit possible	– Retrouver la démarche qui a produit à l'origine de telles limites

3. L'origine perdue

Est désignée *origine perdue* toute affirmation dont on ignore la provenance. L'auteur de ces propositions est inconnu ou est un auteur disparu, ce qui permet parfois l'émission de jugements péremptoires.

Dans la phrase : « Le bac ne sert à rien », nous demanderons à cette personne : « Pourquoi le bac ne sert-il à rien ? Qui dit cela ? Comment le sait-elle ? »

Nous cherchons à préciser comment cette personne a construit cette croyance redoutable pour un lycéen ou pour un parent d'élève.

Dans la phrase : « Et pourtant, l'orthographe, c'est tellement simple », il est utile de savoir pour qui est-ce simple ? La personne émettrice répondra que, pour elle, c'est simple. Elle se réappropriera l'affirmation et la compétence, qui n'est pas universelle comme elle semble le considérer.

EXEMPLES	QUESTIONS	OBJECTIF
– Cela ne se fait pas de se comporter ainsi	– Qu'est-ce qui ne se fait pas – D'après qui ? – Qui a dit cela ? – Pour qui ?	– Préciser la source d'information – Retrouver le contexte où s'est élaborée cette information
– C'est pourtant simple à comprendre	– Pour qui ? – En quoi est-ce simple ? (omission)	– Retrouver l'auteur disparu

TROISIÈME CATÉGORIE : LES DISTORSIONS

Une distorsion est le processus qui permet à une personne des déviations sur l'interprétation de ses données sensorielles. Les distorsions sont de véritables violations et malformations sémantiques.

Nous différencions quatre sortes de distorsions :
1. la nominalisation ;
2. la lecture de pensée ;
3. la cause-effet ;
4. l'équivalence complexe.

1. Les nominalisations

Les nominalisations sont des mots non spécifiques qui ont cette caractéristique particulière de figer un processus en un état statique. Une action se voit transformée et réduite en un événement fini, gelé. Le mot nominalisé utilisé à la place d'un verbe réussit à produire un phénomène de conversion d'un processus dynamique en un état statique.

Par exemple, lorsqu'un jeune exprime à un conseiller cette phrase « Je regrette ma décision », celui-ci cherchera au cours de l'entretien à transformer cette structure de surface en un processus où le jeune redevient acteur dans une dynamique de décision. Pour cela, il suffit de substituer le verbe « décider » à la nominalisation. Le conseiller demande : « Comment concrètement vous êtes-vous décidé ? » ou si le conseiller applique la technique qui consiste à appliquer le critère au critère, c'est-à-dire « Que pouvez-vous décider qui changerait ce que vous avez décidé ? » Le but de ces interventions est d'élargir le champ des possibles et d'accroître le nombre de choix. En PNL, une seule proposition est une obligation, deux propositions est un dilemme ou une alternative (c'est soit l'une soit l'autre), trois propositions commencent à offrir un réel choix. Les questions du méta-modèle visent la création de nouveaux et de nombreux choix.

EXEMPLES	QUESTIONS	OBJECTIF
– Je veux la réussite de mes élèves	– Comment souhaitez-vous qu'ils réussissent ?	
– Je veux améliorer ma communication avec mes stagiaires	– Communiquer pour vous, c'est quoi ?	– Transformer un événement statique en un processus dynamique
– Je cherche la confiance de mes élèves	– De quelle manière souhaitez-vous qu'ils se confient ?	– Transformer la nominalisation en verbe et spécifier le verbe
– Mécontentement chez les étudiants	– Où, comment, les étudiants manifestent-ils leur mécontentement ?	– Spécifier l'abstraction – Obtenir des précisions à travers les compléments d'objets
– Je souhaite un changement de notre système de formation	– De quelle manière souhaites-tu enseigner ou former ?	
– Il est en progrès	– En quoi et comment progresse-t-il ?	

2. La lecture de pensée

Cette distorsion consiste à prétendre connaître ce que l'autre pense. Vous commettez une lecture de pensée lorsque vous prétendez savoir ce que quelqu'un pense ou sait. Par exemple : « Je vois que tu es en train de rêver. » La question du méta-modèle sera, par exemple : « Comment sais-tu que je rêve ? » Le lecteur de pensée ou de « boule de cristal » confond ses projections et la réalité de l'autre.

EXEMPLES	QUESTIONS	OBJECTIF
– Je sais ce qu'il veut	– Comment le savez-vous ?	– Chercher la source de l'affirmation
– Il échoue parce qu'il le veut	– Qu'est-ce qui vous fait dire cela ?	– Chercher les faits réels à confronter avec les interprétations
– Je vois qu'il se moque de moi	– Comment le voyez-vous ?	

3. Cause → Effet : C → E

Les phrases qui contiennent des causes-effets expriment un lien, une relation de causalité entre le comportement d'une personne A et l'état interne d'une personne B. Dans la phrase : « Il m'énerve », le locuteur fait comme si son énervement était causé par l'auditeur, ce qui est une simplification de sa réalité. Les réponses aux questions du méta-modèle permettent d'accéder à la compréhension des modalités de l'enchaînement chronologique entre les faits X → Y.

EXEMPLES	QUESTIONS	OBJECTIF
– L'administration me casse les pieds	– Comment spécifiquement fait-elle ?	
– Il me désole	– N'y a-t-il pas eu un moment où il vous a ravi ? – Qu'est-ce qui vous désole ?	– Obtenir que la personne soit actrice de sa vie et l'auteur de ses propos
– Ce groupe me déprime	– Y a-t-il d'autres groupes qui vous dépriment ? – Pensez à un moment où ce groupe vous a agréablement surpris	– Trouver un contre-exemple

Intervention approfondie face à un lien de cause-effet

Soit la phrase : « l'attitude de ce stagiaire m'énerve »
Soit a : l'attitude de ce stagiaire
Soit b : l'énervement de ce formateur.

Nous vous proposons quelques questions visant à dissocier les deux termes du lien causal.

Première intervention

Demandons au formateur s'il y a eu des moments où ce stagiaire ne l'a pas énervé et s'il peut s'en remémorer trois.

Nous allons obtenir trois attitudes positives différentes a 1, a 2, a 3 qui ont provoqué le non énervement, c'est-à-dire non b chez le formateur.

a 1		a 1 : quand le stagiaire m'offre le café
a 2	NON b	a 2 : quand il parle de son travail
a 3		a 3 : quand il intervient dans le groupe

Deuxième intervention

Demandons au formateur trois situations où il ressent un état d'énervement alors qu'il n'est pas en situation de stage donc indépendamment du stagiaire incriminé. Nous obtenons trois situations d'énervement b :
b 1 : quand je rate le train le matin ;
b 2 : quand je m'absente longtemps de mon domicile ;
b 3 : quand je suis dans les embouteillages.

Les questions du méta-modèle permettent une prise de conscience par la personne qu'elle est le plus souvent responsable de ses états internes et que la liaison de cause à effet est facile. Ces relations de cause à effet sont présentées comme si un stimulus X entraînait une réponse Y. Dans l'exposé sur la communication, nous avons remis en question vivement ce type de raisonnement linéaire. Ces informations facilitent un recadrage, technique développée dans l'exposé 6;

4. Les équivalences complexes

L'équivalence complexe est une sorte de distorsion très sournoise. Elle consiste à rendre analogue une proposition spécifique et une autre plus générale. Deux expériences différentes sont interprétées comme équivalentes.

Soit les phrases : « Elle ne me regarde pas, elle me déteste », « Elle lui sourit, il lui plaît » ; les équivalences sont arbitraires dans la mesure où il y a établissement d'une connexion entre un critère (l'estime) et ses composantes.

Soit X, la proposition : elle ne m'interroge jamais.

EXEMPLES	QUESTIONS	POUR QUEL OBJECTIF ?
– Elle ne sourit jamais, elle est malheureuse chez ses parents	– Si elle souriait, cela voudrait-il dire qu'elle est heureuse chez ses parents ?	– Trouver un contre-exemple
– Il ne rend jamais ses devoirs en temps et en heure, il se moque complètement de l'école	– Ne connaissez-vous pas un élève qui adore l'école et qui rend ses devoirs en retard ?	– Dissocier les deux termes de l'équivalence complexe
– Il est en retard, il aime narguer les gens	– Etes-vous arrivé au cinéma en retard avec l'intention de narguer le réalisateur ou le projectionniste ?	– Différencier le critère de ses composantes
– Il n'a jamais ses affaires de sport, il déteste se remuer	– Pensez-vous que tous les élèves qui ont leurs affaires de sport aiment se remuer ?	

Soit Y, la proposition : elle me déteste.

La question du méta-modèle peut être : « En quoi le fait qu'elle ne t'intéresse pas prouve qu'elle te déteste ? » Nous pouvons ici, de nouveau, utiliser la technique de contre-exemple.
– Y a-t-il un professeur qui ne t'interroge pas et qui t'estime ?
– Y a-t-il un professeur qui t'interroge et qui ne t'estime pas ?

LE MÉTA-MODÈLE EN RÉSUMÉ

PREMIÈRE CATÉGORIE : LES OMISSIONS

EXEMPLES	QUESTIONS PERTINENTES	POUR QUEL OBJECTIF ?
1. Omissions simples : OS ex. : je suis fatigué	– De qui ? De quoi ? – Par qui ? Par quoi ?	– Retrouver l'information manquante
2. Omissions comparatives : OC ex. : il est le meilleur	– Par rapport à qui ? – En quoi ?	– Retrouver l'autre terme de la comparaison
3. Verbes non spécifiques : VNS ex. : il m'a compris	– De quelle manière ? – Comment spécifiquement ?	– Spécifier le contexte et le verbe
4. Manque d'index de référence : MIR ex. : on ne sait jamais rien	– Qui ne sait rien ? – Que voulez-vous savoir ?	– Retrouver l'index de référence

DEUXIÈME CATÉGORIE : LES GÉNÉRALISATIONS

EXEMPLES	QUESTIONS PERTINENTES	POUR QUEL OBJECTIF ?
1. Quantificateurs universels : QU ex. : on n'est jamais informé de rien	– Redire avec un ton interrogatif : Jamais ? – De rien ? – Contre-exemple : Y a-t-il un moment où vous avez été informé ?	– Chercher le contre-exemple
2. Opérateurs modaux : OM – *Nécessité :* je dois le faire – *Possibilité :* je ne peux pas y arriver	– Que se passerait-il si vous ne le faisiez pas ? – Que se passerait-il si vous y arriviez ?	– Rechercher les conséquences
3. origine perdue : OP ex. : c'est mal de manquer	– Qui l'a dit ? – D'après qui ? – Pour qui ?	– Retrouver l'origine et l'auteur disparu

TROISIÈME CATÉGORIE : LES DISTORSIONS

EXEMPLES	QUESTIONS PERTINENTES	POUR QUEL OBJECTIF ?
1. Nominalisations : NOM ex. : je veux une école de la réussite	– Substituer comment + verbe à la nominalisation – Comment voulez-vous que les élèves réussissent ? Comment le saurez-vous ?	– Recréer un processus dynamique
2. Lecture de pensée : LP ex. : je sais bien ce que vous pensez	– Comment le savez-vous ?	– Rechercher la source de l'interprétation
3. Cause-effet : **C → E** ex. : il me casse les pieds	– Comment fait-il concrètement ?	– Le locuteur redevient l'auteur et non pas l'effet
4. Equivalence complexe : EQ = C ex. : il me convoque, il me déteste	Contre-exemple : – N'avez-vous jamais convoqué quelqu'un sans le détester ?	– Chercher un contre-exemple

Quatrième Exposé

ATTEINDRE L'OBJECTIF

1 Définir ses objectifs

Définir mes objectifs [1], c'est répondre à la question : *« Qu'est-ce que je veux vraiment ? »*

Mon objectif peut être de réussir cet examen, écrire ce texte, démarrer une nouvelle activité, parler une langue étrangère.

Définir mon objectif me permet de l'atteindre. Ma capacité à clarifier, structurer mes objectifs est un facteur de réussite essentiel.

Nous avons de multiples objectifs, certains concernent notre quotidien immédiat, d'autres sont le but ultime de notre vie. La réflexion théorique et les modalités présentées dans cet exposé sont une *grille* applicable à tous nos objectifs.

Prenons l'exemple suivant : « Vouloir passer ses vacances dans un pays lointain. » Cela ne suffit pas.

Pour atteindre ce lieu, je vais devoir choisir le moyen de transport, la destination, l'heure du départ. Pour aller dans cette île, vais-je utiliser le bateau, l'avion, le train ? Vais-je emporter des vêtements d'hiver ou d'été, ne prendre qu'un billet aller ?...

Nous vérifions par cet exemple qu'atteindre mon objectif « Passer mes vacances sur cette île » nécessite une suite d'opérations précises, séquentielles, pratiques. Penser à mes vacances ne suffit pas à me transporter sur la plage.

La PNL a défini des points clés méthodologiques et vérifiables pour nous permettre d'atteindre nos objectifs. Pour réaliser ce que je veux, j'ai besoin de certains indicateurs que je consulterai au fur et à mesure de mon parcours vers l'objectif. « Suis-je bien dans la bonne direction, le but est-il lointain ? »

Choisissez, avant de continuer, un objectif, un but, en vous posant la question : « Qu'est-ce que je veux vraiment ? » Notez-le sur une feuille.

1. Pour une analyse détaillée de la notion d'objectif, voir dans cette collection le livre de Chantal Selva et Guy Missoum, *Savoir définir et gérer ses objectifs*, ESF éditeur, Paris, 1991.

2 Savoir atteindre ses objectifs

VOTRE OBJECTIF EST-IL DÉFINI POSITIVEMENT ?

Comparez-le avec les exemples suivants :

MAIGRIR	et non pas	ne plus grossir
ÊTRE DÉTENDU	et non pas	ne plus être stressé
PASSER EN SECONDE	et non pas	ne pas redoubler la troisième
TRAVAILLER	et non pas	ne plus être au chômage
ARRIVER A L'HEURE	et non pas	ne pas être en retard

Si votre but est défini positivement, c'est-à-dire s'il ne présente pas de négation, continuez. Autrement, définissez-le de manière positive, en précisant ce que vous voulez, et non pas ce que vous ne voulez pas. Car ce que nous ne voulons pas – ou ne voulons plus – ne permet pas de savoir ce que nous voulons. Par ailleurs, la négation n'existe pas dans la réalité, et si « Ne pas rater mon examen » signifie quelque chose au niveau du langage, ceci est différent dans la réalité : je rate mon examen ou je le réussis.

VOTRE OBJECTIF EST-IL PRÉCIS ?

Si être formateur est mon objectif, je peux me poser les questions suivantes : où, quand, comment, avec qui ? A l'objectif : « Je veux réussir », peuvent être associées les questions : quoi, quand, de quelle manière ?

Plus l'objectif est défini de façon précise et spécifique, plus nous pouvons vérifier si nous sommes en train de l'atteindre.

Avoir des objectifs vagues, flous ou trop larges nous entraîne à ne pas savoir de façon concrète ce que nous voulons.

Nous choisissons le jeu de fléchettes comme illustration pour les trois points suivants de la stratégie d'objectif.

Où est votre objectif ?

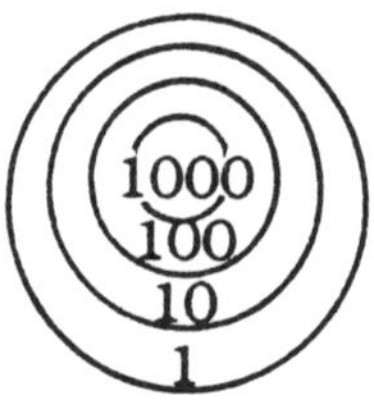

Pour jouer et gagner au jeu de fléchettes, je dois savoir viser juste et taper dans le mille.

Cet objectif est-il réaliste ?

A combien de mètres est située la cible : 1 m, 10 m, 100 m ? Dans le cas où votre cible est à 100 m, l'objectif n'est pas réaliste. Vous en rapprocher rend l'objectif réaliste.

Comment puis-je vérifier que j'atteins mon objectif ?

Où est ma fléchette ? Ai-je entendu le bruit de la fléchette dans la cible ? Qu'est-ce que je vois, qu'est-ce que j'entends, qu'est-ce que je ressens ? (VAK).

Pour des objectifs moins ludiques, il est essentiel d'examiner d'autres aspects liés à la situation.

SUIS-JE RESPONSABLE DE MES ACTIONS ?

Atteindre mon objectif dépend-il uniquement de moi ou d'autres personnes ? Par exemple, l'objectif de tout étudiant est de réussir son concours. Or de nombreux facteurs externes interviennent (nombre de candidats, nombre de places, jury) ; dans ce cas, l'objectif sera : « être prêt, connaître le programme, être confiant... » L'étudiant a comme objectif ce qui est de son *entière responsabilité.*

QUELS SONT LES EFFETS DE L'OBJECTIF ?

Les effets ou les conséquences de l'objectif vont rétro-agir sur notre capacité à maintenir notre objectif. Tel élève, intégrant une classe préparatoire, peut commencer à présenter certains problèmes.

Une promotion souhaitée et atteinte peut se révéler source de malaises et d'échec. La personne confrontée à de nouvelles responsabilités peut se sentir débordée et ne plus savoir gérer la situation.

QUESTIONS A SE POSER ET A POSER

Quels sont les inconvénients, les problèmes que je vais rencontrer en atteignant mon objectif ? (travailler le week-end, être trop occupé, avoir plus de responsabilités). Par exemple : « Intégrer ce nouveau poste. »

Avant d'atteindre son objectif, il faut prévoir les effets de l'objectif et les inconvénients découlant de la réussite. Si la personne ne trouve pas d'inconvénient, si l'objectif paraît entièrement positif, l'arbre ne cache-t-il pas la forêt ? S'il n'y avait aucun inconvénient, l'objectif serait déjà atteint.

Les différents critères sont les poteaux indicateurs nous montrant que nous sommes dans la bonne direction. Ils sont indispensables, mais ne garantissent pas la réalisation de l'objectif.

Le garant de l'atteinte de l'objectif est l'investissement total de nous-même vers cet objectif.

Jouer le jeu à 100 % est la clé de la réussite

Des pensées négatives, des peurs, des doutes peuvent empêcher cet investissement complet. Les techniques de changement de la PNL permettent de modifier ces obstacles.

3 Un objectif : la réussite

Le rôle fondamental du formateur, de l'enseignant ou du conseiller est d'amener son interlocuteur à envisager sa *réussite.*

Qu'elle soit scolaire ou professionnelle, la réussite sanctionne l'apprentissage ou la vie.

CROIRE DANS LA RÉUSSITE

L'objet de ce chapitre est de créer ou recréer une *croyance positive* : il est possible de réussir, et la réussite s'apprend. Nos croyances sont ce que nous croyons au sujet de nous-même ou du monde. Selon nos expériences, positives ou négatives de notre passé, elles seront confirmées ou infirmées.

Nous savons tous par expérience que dans la vie, il y a ceux et celles qui réussissent, et les autres. Qu'est-ce qui fait la différence ?

Des réponses toutes prêtes jaillissent souvent. Quelles sont les vôtres en ce moment ? Observez-les, sont-elles des croyances ou des faits objectifs ?

Qu'est-ce qui permet à un élève de réussir la scolarité qu'il désirerait faire ? Qu'est-ce qui permet à un professionnel d'être compétent et satisfait de son métier ?

En étudiant les pensées, les croyances, des personnes qui excellent dans un domaine, la PNL a montré que notre vie se dirige vers ce que nous croyons au sujet de nous-même, ce que nous pensons de nous-même.

Toute réussite est fondée sur la croyance, la conviction qu'a la personne de son succès. *Pour réussir, il faut d'abord le croire.*

Quand nous réussissons, nous croyons en notre réussite, en nos capacités, et le positif entraîne le positif. Quand nous échouons, un processus identique se produit.

Comment pouvons-nous transformer un état émotionnel négatif et limitant en un état désiré, en un idéal ?

INTÉGRER LA RÉUSSITE

Le moteur de la réussite, c'est avoir un idéal ; le secret de la réussite, c'est de l'intégrer.

L'exemple d'un idéal extérieur (modèle, personne que l'on admire, critère particulier) devient le sens de notre vie, une fois intégré. D'autres voies sont possibles. Pour y parvenir, voici une *technique d'actualisation de nos potentialités*, adaptée d'après Bandler, qui doit permettre d'intégrer la réussite dans ses croyances.

a) Prenez un moment pour vous représenter tel que vous souhaiteriez être, idéalement. Quelles qualités physiques, quelles compétences, quels comportements désireriez-vous exprimer ? Comment l'essence de votre personnalité pourra-t-elle rayonner dans toute sa splendeur et exprimer votre richesse et vos potentialités ?

Créez cette image avec le plus grand soin, rendez-la la plus attirante et agréable possible.

b) Choisissez une situation limitante (un obstacle, un état négatif) que vous rencontrez dans votre vie. Visualisez-la comme sur un écran ou une diapositive.

c) Imaginez cette image limitante, puis placez en son centre l'image idéale qui sera toute petite.

d) Imaginez que cette petite image s'élargit, et recouvre toute la grande image.

e) Répétez plusieurs fois de suite, de plus en plus rapidement, l'étape d).

Prenons l'exemple de la timidité. Un élève peut ne pas oser s'exprimer devant ses camarades, un professeur ne pas oser prendre la parole au cours d'une réunion, un formateur être intimidé face à son employeur. Ce sont des situations limitantes.

Les images idéales seront :
- pour l'élève : se voir debout et parler à la classe ;
- pour l'enseignant : se voir intervenir et exprimer son point de vue ;
- pour le formateur : se voir détendu en train de dialoguer avec son patron.

Cinquième Exposé

CRÉER LE CHANGEMENT : VERS DE NOUVELLES FAÇONS D'ÊTRE

1 L'ancrage : accéder à ses potentialités

Quel est l'intérêt de l'ancrage pour l'enseignant, le formateur, pour chacun d'entre nous ?

La technique de l'ancrage permet de retrouver à volonté, quand nous le désirons, un état ou une émotion particulière.

Nous examinerons dans ce chapitre :

1. *l'auto-ancrage* : il nous permet :

– de retrouver un état agréable (force, détente, calme),

– de puiser en nos capacités et ressources pour les utiliser au moment opportun. Les différents aspects de l'auto-ancrage ou « aide-toi toi-même » sont des réponses aux situations problématiques telles que : « Je ne suis jamais bien quand il le faut, je perds mes moyens quand j'en ai le plus besoin » ;

2. *l'hétéro-ancrage* ou : que faire pour aider l'autre, l'élève, le partenaire à contacter un état optimal dans une situation donnée et faciliter la communication, l'enseignement ;

3. les réflexions sur l'ancrage ;

4. les utilisations particulières de l'ancrage : ancres spatiales et contrer les objections.

ANCRE ET ANCRAGE

Une ancre se présente sous la forme d'un schéma

(S) STIMULUS – RÉPONSE (R)

elle est l'association entre le S et la R

S – A – R

Elle peut être définie comme une représentation interne ou une perception externe qui en déclenche une autre, ou une série d'autres.

L'ancrage est une technique pour déclencher une *réponse conditionnée* (en nous-même ou chez l'autre) en utilisant volontairement un stimulus (mot, image, geste, toucher, son). L'ancrage nécessite que la personne soit complètement associée à une expérience présente ou passée afin de retrouver instantanément cette expérience quand elle le désire. Quand vous êtes associé, vous vivez ou revivez l'expérience en vous-même.

L'utilisation du stimulus provoque la réassociation avec l'expérience passée.

Selon Grinder et Bandler, l'ancrage repose sur la présupposition que toutes les expériences sont représentées comme Gestalt des informations sensorielles (quadruplé VAKO). Chaque fois que l'on réintroduit une partie de l'expérience VAKO, les autres parties de la même expérience seront réactivées.

> Exemple : la vue d'un tableau noir (ancre) peut faire venir à votre mémoire des souvenirs de classe.

Nous utilisons différentes sortes d'ancres en situation d'entretien et de formation :

- *ancres visuelles*
  Faire un geste, retirer nos lunettes, écrire au tableau, changer de place ;
- *ancres auditives*
  Claquer des mains, se racler la gorge, tousser, dire un mot avec une certaine tonalité, un rythme particulier ;
- *ancres kinesthésiques*
  Toucher l'autre, serrer la main.

La capacité à utiliser l'ancre adaptée aux circonstances est la signature de l'excellence en communication.

L'AUTO-ANCRAGE

L'auto-ancrage permet d'atteindre l'état émotionnel le plus adapté à une situation déterminée.

1. Objectif : accéder à l'état intérieur désiré (émotions, pensées, sensations) pour une situation précise.

> Quelques exemples : J'ai besoin « d'avoir confiance en moi pour cette conférence », ou « d'être détendu pour cet oral ».

2. La technique

a) *Identifier* l'état intérieur désiré (état ressource) « de quel état j'ai besoin pour... »

b) *Retrouver* en vous installant confortablement, ou en restant debout, une expérience particulièrement agréable, en prenant le temps dont vous avez besoin :
– pour *ressentir* les sensations, les mouvements, les émotions que vous avez ressentis en ce moment ;
– pour *voir* ce que vous avez vu en ce moment, en observant les couleurs particulières, les détails, les images ;
– pour *entendre* ce que vous avez entendu en ce moment : les voix, les sons, les bruits...

c) *Ancrer*. Quand vous revivez avec intensité cette expérience agréable, c'est-à-dire quand vous ressentez les sensations de l'époque :

– quand vous voyez les images de l'époque ;
– quand vous entendez les sons de l'époque,

vous pouvez associer à cette expérience intérieure, un mouvement très simple, comme fermer le poing ou joindre le pouce et l'index et garder quelques instants ce mouvement, le quitter et le refaire quelques fois.

Ce mouvement est votre ancre, qui permet d'associer l'expérience intérieure plaisante à un déclencheur.

d) Faites un état séparateur, c'est-à-dire un changement d'attitude, un mouvement qui vous permet de quitter les sensations de l'état ressource.

Par exemple : se lever, respirer amplement.

e) *Réactiver.* Faites le même geste (ancre) avec la même intensité, la même durée, la même localisation.

f) *Tester.* Vérifier si les sensations agréables, les images, les sons, l'état positif reviennent – ceci est le test.

Le geste doit vous permettre de retrouver l'état intérieur, sans que vous ayez besoin de repenser à l'expérience.

GESTE (ancre) → Etat intérieur souhaité

Notre expérience nous montre qu'il n'est pas utile que le sujet croie en l'auto-ancrage pour qu'il soit efficace.

Réactiver l'ancre, c'est-à-dire refaire le même geste, va permettre à la personne de retrouver l'état désiré, quand elle en aura besoin malgré les circonstances (examen, discours). L'auto-ancrage permet de choisir l'état intérieur désiré pour améliorer notre comportement et nos capacités (confiance, vigilance). L'ancrage permet d'être détendu et confiant pour un discours, en pleine forme pour une épreuve. L'ancrage, c'est accéder au meilleur de soi-même au moment opportun.

L'HÉTÉRO-ANCRAGE

Savoir utiliser les techniques de l'ancrage permet au formateur, enseignant, conseiller, d'être plus efficace. L'auditoire pourra accéder à un état mental spécifique beaucoup plus rapidement, évitant ainsi au formateur, enseignant, conseiller d'avoir à recréer à chaque fois l'état mental désiré.

Si le communicateur fait la même chose, dans le même lieu, avec la même posture corporelle, le même ton verbal, l'auditoire va retrouver un état mental spécifique (disponibilité, écoute, curiosité)...

Cet état émotionnel particulier de l'auditoire sera marqué, ancré avec une ancre spécifique (visuelle, auditive ou kinesthésique) pour pouvoir être reproduit à volonté.

Le formateur peut par exemple ancrer un moment de grande vivacité présentée par le groupe avec un geste. Durant une phase où le groupe est moins actif, il réactivera cette ancre (refera le même geste) pour permettre au groupe de retrouver ses potentialités.

L'ANCRE SPATIALE : LA TECHNIQUE DU LIEU MAGIQUE

Dans cette technique, adaptée d'après Dilts, nous allons utiliser le sol pour localiser un problème, puis choisir un autre espace représentant un état positif. Nous transférerons ensuite les ressources contactées dans l'espace positif vers l'espace de la question problématique :

a) imaginer un problème, une difficulté ;

b) choisir un espace (cercle) et y pénétrer en étant associé (voir, sentir, entendre ce qui caractérise le problème) ;

c) état séparateur, quitter le lieu ;

d) imaginer un état positif, un moment particulier, où vous étiez en plein contact avec vos ressources ;

e) choisir un espace, y pénétrer en étant associé, et auto-ancrage ;

f) retourner dans le lieu du problème en gardant l'auto-ancrage. Que se passe-t-il ? En quoi ce que vous vivez maintenant dans cet espace est différent de l'étape b) ?

Une variante de cette technique peut être utilisée en classe ou en formation.

a) Noter quand un élève est figé au tableau sur un problème (le lieu tableau représente l'ancrage du problème).

Ⓐ tableau = espace du problème

b) Lui demander de quitter ce lieu :

« Peux-tu quitter pour un moment le tableau, et penser à la dernière fois où tu étais créatif, efficace, confiant. Prends un moment pour contacter à ta manière ce vécu (en établissant aussi un auto-ancrage).

Ⓑ = lieu de la ressource

c) « ... et quand tu le désireras, tu pourras retourner au tableau et considérer ce qui est différent. »

Les applications sont multiples. L'intérêt est de faire quitter un état négatif en modifiant l'ancrage spatial.

Chaque fois qu'un formateur, enseignant ou conseiller présentera un message important, il choisira un lieu. Il s'y placera quand des questions intéressantes, des réponses gratifiantes lui seront adressées par l'auditoire.

Le lieu ainsi créé devient le réceptacle du dynamisme, de l'entrain. Quand le formateur se place dans ce lieu, l'association positif-dynamisme se fera automatiquement dans l'esprit de l'auditoire.

Un enseignant peut ainsi associer le contenu d'un cours qui déclenche un intérêt particulier chez les étudiants à un espace déterminé dans la classe. Il se redéplacera dans ce lieu quand il aura besoin de recréer cet état spécifique pour aider ses étudiants à franchir une difficulté particulière durant le reste du cours.

Il aura intérêt à quitter le lieu quand il percevra une certaine difficulté de compréhension, ou une tension, pour ne pas contaminer l'ancre. Elle doit rester spécifiquement associée à un état positif. Lors d'une remarque problématique, pour répondre à une question délicate, il quittera géographiquement sa position, pour une nouvelle qui sera associée au problème.

CONTRER L'OBJECTION : L'ART DE L'ESQUIVE

Cette technique utilise différentes ancres, visuelles et spatiales.

Basée sur les principes fondamentaux de la PNL (synchronisation, utilisation de la résistance, réponse stratégique), elle demande une intégration de ces différents points pour jaillir spontanément en réponse à l'objection.

Elle se décompose en différentes parties :

a) Accueil de la « force adverse », de l'objection, avec utilisation de l'esprit de la non-résistance (ne pas opposer la force à la force, ne pas se bloquer).
Caractérisée par un mouvement de la main gauche ouverte vers l'avant (pour ancrer l'objection, la remarque). Il est important que l'ancrage soit accompagné d'un message verbal « Oui vous avez raison... » ou « d'accord ».

b) Simultanément, le praticien esquive en se déplaçant, en pivotant sur le côté. La main « ancrage » reste dans l'axe de l'objection, mais le corps n'y est plus.

c) Réponse du praticien
La main droite, dirigée vers la personne formulant l'objection, va ancrer la réponse, par exemple : « Mais le problème n'est pas là. »

En résumé :

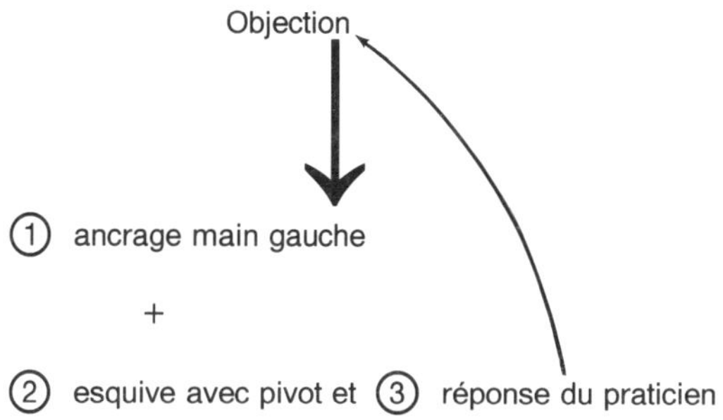

RÉFLEXIONS SUR L'ANCRAGE

Certaines ancres sont conscientes, identifiables, et donc modifiables. Mais que faire avec celles qui sont hors de notre champ de conscience ?

Que se passe-t-il quand nous nous retrouvons dans un état émotionnel négatif, sans comprendre pourquoi ?

Quel déclencheur induit cet état négatif ? Ce déclencheur, hors de notre champ de conscience, peut être un visage, une expression faciale, un ton de voix, un mot, qui réactivera un état émotionnel négatif du passé.

Notre objectif sera de découvrir les ancres situées hors de notre champ de conscience habituel pour pouvoir les reconnaître et les modifier.

Prenons un instant pour examiner la traditionnelle poignée de main. Elle représente une activation des 3 ancres :

Je vois l'autre ; je l'entends ; je le ressens (poignée vigoureuse, molle...).

Ce simple geste se révèle d'une complexité étonnante quand nous l'analysons. Signe de reconnaissance et signe de présentation, elle est l'ancre par excellence. Vous paraît-il astucieux de serrer la main quand l'autre personne est énervée, anxieuse ? Qu'ancrez-vous à ce moment ? A votre présence, votre visage, votre voix, est alors associé un malaise. Que risque-t-il de se passer quand en revoyant cette personne une autre fois, vous redonnez la même poignée de main ? Qu'avez-vous ancré et que réactivez-vous ? Que se passe-t-il quand un formateur ou un enseignant écrit au tableau ou présente un exposé face à un auditoire ? La situation n'est-elle pas alors associée à l'école avec son cortège d'angoisse ? L'acte de formation n'est-il pas assimilé à la scolarité avec certaines réactivations de souvenirs négatifs ?

Comment utiliser, lors d'une formation, le fait que les participants reprennent la même place, occupée la première fois ? La place n'est-elle pas devenue ancre et ancrage ?

2 Se motiver – Motiver – Remotiver

LA MOTIVATION

Nous remarquons que le mot « motivation » est une nominalisation. Une interrogation à l'aide des questions du méta-modèle s'impose.

Les affirmations suivantes : « Je n'ai plus aucune motivation pour ces études, je manque de motivation pour réussir, ma motivation pour ce poste a disparu », ainsi que les expressions : « Je ne suis pas motivé, j'ai besoin d'être motivé » représentent des violations du méta-modèle et doivent être questionnées.

En ce sens, le praticien PNL ne se demande pas ce qu'est la motivation. Il vérifie ce que fait le sujet intérieurement avec ses pensées, ses croyances, sa physiologie pour aboutir à ce résultat. Il posera certaines questions : « A quoi savez-vous que vous êtes motivé ? » ; réponse : « Je suis plein d'énergie, j'ai confiance en moi » ; question : « Que faites-vous intérieurement pour avoir cet état désiré ? »

Ce que nous nommons « motivation » n'est pas lié à l'acte que nous faisons, mais à l'objectif que nous désirons atteindre, à notre idéal, nos valeurs. La motivation est toujours liée à nos valeurs, nos critères et nos croyances. Les critères représentent ce qui est important pour nous, nous évaluons nos expériences à partir d'eux. Les croyances sont formées à partir de ce que nous croyons de nous, de la vie...

Il n'existe donc pas de gens pas motivés ou n'ayant pas de motivation, mais uniquement des personnes *en recherche d'un objectif mieux défini*, et de *valeurs et d'objectifs de vie à définir ou redéfinir.*

La capacité à se motivér ne se trouve donc pas au niveau des capacités et des compétences, mais au niveau de nos *croyances.* En effet, croire que « la motivation » est équivalente à un comportement ou une capacité fige la question.

Exemple :

Je ne fais pas du footing pour courir mais

parce que {
je désire me maintenir en forme...
c'est la mode...
j'aime ça...

Pourquoi est-ce que je désire me maintenir en forme ?

— pour me sentir bien
— pour être plus actif
— pour plaire

Nous vérifions par cet exemple qu'une personne peut se motiver à faire du jogging pour différentes raisons. En continuant à interroger ses réponses, en demandant « Pourquoi désirez-vous vous maintenir en forme ? », d'autres niveaux de réponses vont pouvoir émerger. Nous vérifions ainsi les différents critères de la personne.

Exemples :

1) *Faire du jogging*
- me maintenir en forme
  - se sentir bien
    être plus actif
    pour plaire
    - *rencontrer une femme*
      - être heureux

2) *Je désire apprendre l'anglais*
apprendre *l'anglais*
- parce que c'est important
- pour communiquer
- pour *lire des livres techniques*
  - *pour mon métier*
    - pour évoluer
      dans ma profession

La personne présente différents niveaux de motivation. Le niveau « Pour évoluer dans ma profession » peut suffire à déclencher l'envie d'apprendre et la persévérance.

Exemple :

Un lycéen peut énoncer lors d'un entretien : « Je n'arrive pas à travailler les maths. »
Q. – Pourquoi voulez-vous travailler les maths ?
R. – Pour passer en 1re S.
Q. – Que vous apportera ce passage en 1re S ?
R. – Je pourrai aller en terminale C et faire une école d'ingénieur.
Q. – Pourquoi désirez-vous faire une école d'ingénieur ?
R. – Je ne sais pas, pour faire comme mon père.

Dans le cas ci-dessus, l'élève semble avoir un objectif, mais en réalité, sa motivation n'est que de l'imitation.

CONNAÎTRE SES FILTRES COMPORTEMENTAUX INCONSCIENTS POUR UNE MEILLEURE MOTIVATION

Quand un parent dit : « Tu devrais travailler davantage sinon tu n'auras pas ton bac », ou : « Ton frère ne travaillait pas, il a arrêté ses études, et gâche sa vie maintenant », quel est le résultat de ces remarques sur le lycéen ou l'étudiant ? Cela dépend de l'orientation de ses *filtres comportementaux inconscients* (méta-programmes).

Pour quelqu'un présentant une *stratégie d'évitement ou d'éloignement* (« J'évite ce que je n'aime pas »), la tactique est positive. Le fait de lui présenter ce qu'il veut éviter peut le motiver à travailler davantage. Dans le cas où la personne présente une *stratégie de rapprochement* (« Je vais vers ce que j'aime »), il est fortement recommandé de présenter les conseils de la façon suivante : « En préparant mieux ton épreuve, tu auras de bonnes notes, et tu pourras aller en fac. »

Un autre filtre important est la *référence*. La personne a-t-elle besoin de félicitations, remarques, encouragements *(référence externe)* pour accomplir ce qu'elle doit faire, ou le fait-elle parce qu'elle est contente d'elle-même et de son travail *(référence interne)* ?

Le troisième filtre à repérer est *l'obligation-possibilité*. Il nous montre si la personne est plus motivée par les obligations dans sa vie ou par les possibilités.

Les personnes plus orientées vers le filtre possibilité auront choisi ce qu'elles font actuellement (études, métiers) parce qu'elles avaient envie de le faire. A la question « Pourquoi avez-vous choisi ces études, ce métier ? », elles pourront donner une raison.

Les personnes orientées vers le filtre *obligation* pensent qu'elles n'ont pas le choix, et font les choses parce qu'il fallait les faire.

SAVOIR DÉTECTER LES STRATÉGIES D'AUTO-DÉMOTIVATION

Nous avons repéré chez nos clients, consultants, patients, les principales difficultés rencontrées dans les problèmes de motivation. Les aspects que nous allons examiner représentent les séquences négatives internes par lesquelles une personne réussit à se démotiver. Les repérer et les connaître nous permettra de les changer.

La motivation catastrophiste

Le fait de penser au désastre qui pourrait se produire, si la chose à faire n'est pas réalisée, permet à certaines personnes d'accomplir leur tâche. Se lever le matin, en pensant au chômage si je ne vais pas travailler ou au renvoi si je ne vais pas en cours sont des exemples de cette façon de procéder. Se motiver uniquement en pensant à éviter le pire, produit une grande quantité d'angoisse et de ressentiment.

Par exemple, un étudiant peut voir le travail qu'il a à faire, puis se dire intérieurement : « Je dois le faire » et ressentir « qu'il n'a pas envie ». La stratégie va continuer, il se dira alors plus durement : « Il faut que je le fasse » et se sentira mal. Après quelque temps et beaucoup d'hésitations, notre étudiant va avoir une image très négative de ce qui pourra se produire s'il ne fait pas son travail. L'impact du négatif va entraîner l'action mais aussi l'angoisse et le malaise. Nous remarquons que le moteur de l'action devient le taux d'angoisse et non plus l'objectif à atteindre.

La motivation tyrannique

La personne se donne des ordres intérieurs avec une voix autoritaire : « Tu dois, tu devrais, il faut », ou une voix parentale.

La motivation « Comme si... »

La personne s'imagine faisant sa tâche au lieu de la voir accomplie. La personne se motive facilement pour les choses agréables, mais pas pour les difficiles.

La motivation submergeante

La personne commence par imaginer la tâche toute entière comme une seule chose, en la situant dans un présent immédiat sans noter les différentes étapes nécessaires à l'accomplissement de la tâche. Elle voit la tâche globale, se sent submergée devant l'ampleur du travail et abandonne.

La motivation « Feu de paille »

La personne est très enthousiaste, mais ça ne dure pas. Si la motivation est l'élément essentiel pour démarrer une action, la persévérance est ce qui nous permet de la terminer.

Le manque de persévérance est dû à l'absence de but spécifique, et à l'auto-négativité.

LES CLÉS DE LA MOTIVATION

Les quatre points suivants représentent les clés de la motivation. Leur absence crée les problèmes de manque de motivation.
a) pour se motiver, il faut se voir dans le futur. La motivation est liée à la capacité à visualiser et se projeter ;
b) la stratégie de motivation doit comporter des images, voix, sensations agréables ;
c) la tâche à accomplir doit pouvoir être vue terminée ;
d) la personne doit se voir contente une fois cette tâche finie.

Ces quatre points sont à vérifier dans tout problème de motivation. Les stratégies inopérantes ou absentes sont modifiées ou ajoutées.

Les images négatives ou voix internes inadaptées seront modifiées à l'aide des techniques décrites dans l'ouvrage (sous-modalité, ...).

TECHNIQUE DE MOTIVATION

Cette technique de R. Bandler permet de créer la motivation pour une tâche que vous *désirez accomplir*, mais que vous avez des difficultés à réaliser (faire du sport, lire...).
1. construire une *image associée* de quelque chose ou d'une activité plus attirante ;
2. construire une *image dissociée* (vous vous voyez) de vous-même en faisant ce que vous voulez faire ;
3. vérifier très soigneusement si des niveaux de vous-même refusent cette tâche ;
4. voir l'image de la tâche avec l'image motivante juste derrière
a) réaliser un petit trou dans le centre de l'image tâche pour voir l'image motivante ; agrandir le trou rapidement, aussi grand qu'il le faut pour ressentir l'attrait de l'image motivante ;
b) rétrécir le trou rapidement en maintenant l'attrait ; répéter plusieurs fois 4.a et b.
5. Test : Quand vous pensez à la tâche, êtes-vous motivé ?

3 Gérer le trac aux examens, parler en public

Nous avons été amenés, pour des raisons essentiellement pratiques, à créer un modèle très simple d'intervention visant à modifier certains états émotionnels négatifs (phobies, trac...).

La simplicité d'un tel modèle s'avère indispensable car il doit être rapidement intégré par la personne.

LA PENSÉE : UNE STRUCTURE INTERNE

Nous supposons que l'état émotionnel problématique ressenti n'est jamais premier, comme l'affirme si souvent les personnes (« J'ai eu une crise d'angoisse, je me suis senti mal, je tremblais »), mais se présente comme le résultat et la conséquence d'images internes négatives et/ou d'un monologue interne négatif.

En quelque sorte, la personne construit l'état émotionnel ressenti négativement, en ayant soin des images négatives d'elle-même ou d'une situation, soit en se parlant négativement intérieurement ou en entendant des remarques critiques (voix parentales) (voir le schéma suivant) :

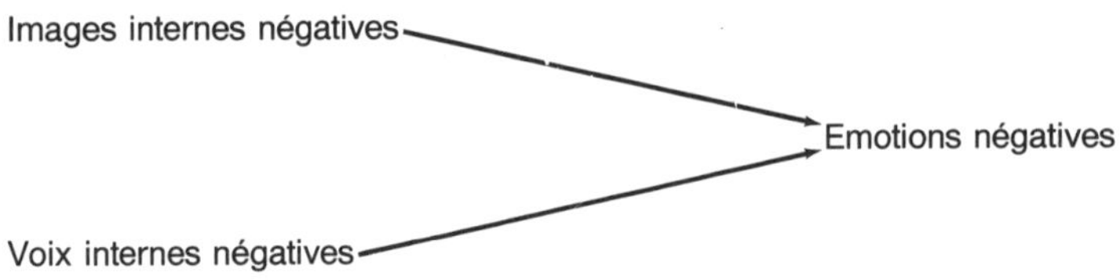

Les personnes ont souvent des difficultés à accepter ce schéma, elles n'ont pas toujours conscience de la présence des images négatives, qui peuvent être extrêmement fugaces ou du monologue interne parfois presque inaudible. Le fait de tourner l'attention vers l'intérieur, d'être attentif à soi-même, permet souvent la mise à jour de ces deux composantes. Quand la personne réussit à détecter ces deux structures, elle arrive à comprendre le mécanisme inducteur de son état négatif. L'événement extérieur, la situation ou la personne ne sont plus considérés comme les causes uniques, mais deviennent des déclencheurs dont la seule présence ne suffit pas à produire l'état émotionnel négatif. La personne expérimente alors l'importance de sa représentation.

Une façon simple de lui faire comprendre l'importance de ses images internes et du monologue ou dialogue interne, est de lui demander de penser à un moment agréable, et de vérifier comment se présentent les deux composantes. Invariablement, elles sont positives. Ceci nous permet de déduire avec la personne qu'à des pensées positives sont associées des émotions agréables et qu'à des pensées négatives sont associées des émotions désagréables. Nous pouvons ainsi montrer que ce que nous nommons « pensée » est constitué par *l'image interne* et la *voix interne.*

La pensée n'apparaît plus comme quelque chose de vaguement intérieur, mais présente une *structure qui se révèle en posant à la personne certaines questions :*

– A quoi savez-vous que vous êtes négative ?
– Je pense.
– A quoi savez-vous que vous pensez ?
– Je me dis : je n'y arriverai pas.

La personne peut ainsi passer du constat de l'émotion négative à celui de ses pensées négatives, à sa voix interne et ses images internes.

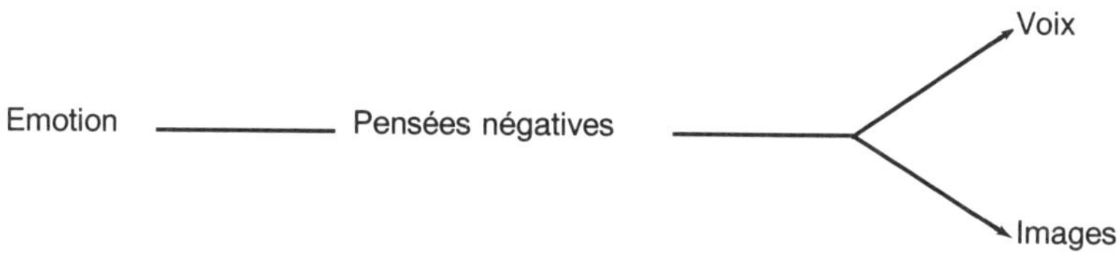

Le fait de repérer les images et voix négatives ne modifie certes pas le problème, pas plus que d'imaginer positivement ou se parler positivement : la pensée positive se révèle totalement inefficace pour modifier le négatif présent, car nier le contenu négatif des images ou de la voix, c'est nier la réalité.

Les personnes comprennent qu'elles doivent *respecter le contenu* jugé négatif et s'attacher à *modifier la structure* de l'image ou de la voix. Par exemple, le fait d'imaginer l'examinateur à un oral, portant un pyjama, ou de se dire : « J'ai confiance », ne change rien au problème, mais peut au contraire renforcer l'état négatif. En effet, la personne confrontée à la réalité se sent tremblante et malgré ses « efforts de positivité », vérifie qu'elle est tout, sauf confiante et détendue.

Nous recherchons alors quels paramètres présentent cette image interne. Est-elle lumineuse, sombre, paraît-elle distante ou proche du sujet quand il ferme les yeux ?

La voix apparaît-elle forte, rapide ? Nous analysons la structure, et en changeant la structure, nous remarquons que l'émotion est modifiée.

La modification des divers paramètres ou *sous-modalités* de la voix et de l'image entraîne le changement de l'état émotionnel du sujet. Dans ces changements, il est parfois utile de demander au sujet d'imaginer qu'il augmente la luminosité de l'image, ou qu'il réduise le volume de la voix.

UNE TECHNIQUE POUR MODIFIER LES PARAMÈTRES

1. Repérer l'état négatif : peur, angoisse.

2. Identifier la structure de l'état émotionnel négatif

– ai-je des images internes négatives comme par exemple : « Je me vois rater mon épreuve, je me vois tremblant » ?
– me dis-je intérieurement : « Je vais tout rater, je n'y arriverai pas » ?

3. Changer la structure de l'image négative

En ayant les yeux fermés, repérez subjectivement si cette image vous paraît :
– *lointaine ou proche ?* Si l'image est près de vous, imaginez que vous l'éloignez lentement jusqu'à l'infini si possible : si elle est loin, rapprochez-la ;

– *en couleur ou en noir et blanc ?* Si elle est en couleur, transformez-la en noir et blanc, et vice versa ;
– *plutôt lumineuse ou sombre ?* Si l'image vous paraît sombre, augmentez la luminosité comme si vous jouiez avec un variateur de lampe halogène ; si l'image vous paraît lumineuse, réduisez l'intensité jusqu'au degré désiré, peut-être même jusqu'à l'éteindre...
– l'image vous paraît-elle située *devant, sur le côté, en hauteur ?* Imaginez que vous changez la localisation, que vous la déplacez. L'image était-elle juste devant vos yeux ? Que se passe-t-il quand vous imaginez qu'elle commence à s'élever pour passer à la verticale de votre tête, et continue de s'éloigner en haut et en arrière ? Trouvez une localisation qui induise un état émotionnel positif.

Pour chaque tentative de *modification des paramètres*, restez attentif à votre ressenti émotionnel. Il est votre guide.

La modification d'un paramètre doit améliorer votre ressenti ou le laisser inchangé. Dans le cas où un changement du paramètre augmente l'état négatif, il est important d'arrêter et de vérifier le changement du paramètre dans son autre dimension. Si par exemple l'augmentation de la luminosité de l'image augmente l'anxiété, vérifiez comment l'assombrissement de l'image peut diminuer cet état négatif.

4. Changer la structure de la voix interne négative

– repérez la petite voix intérieure et le contenu exact de la phrase ;
– n'essayez pas de changer un contenu négatif en un contenu plus positif. Gardez les mêmes mots ;
– quel est le volume de la voix ? Est-il comme ma voix habituelle ? Plus fort ? Moins fort ?
– imaginez que vous augmentez, ou baissez, le volume, comme si vous changiez le son sur une chaîne stéréo ou un poste de télévision. Tournez très progressivement le bouton. Pouvez-vous aller jusqu'à l'éteindre complètement ? Comment est votre ressenti ?
– quel est le tempo de la voix intérieure : rapide, lent ? Modifiez-le en le ralentissant ou en l'accélérant ;
– déterminez d'où vient la voix : de l'intérieur de la tête, du devant, du dehors, du milieu...

5. Changer la localisation, jouer avec elle pour trouver celle qui induit l'état émotionnel le plus agréable

Vous pouvez vérifier qu'il est parfois impossible de changer tous les paramètres. Changer un paramètre peut suffire car la structure de l'image négative ou de la voix est alors différente, et entraîne un état émotionnel différent.

Ces techniques des sous-modalités doivent être maîtrisées pour devenir praticables rapidement, au moment désiré.

En résumé, en présence d'une émotion négative, je vérifie mes images internes et ma voix intérieure ; puis je modifie la structure des images et/ou de la voix.

Sixième Exposé

DE NOUVEAUX CHOIX POUR CHANGER

1 Les pratiques conversationnelles de la PNL

Nous désignons par *pratique conversationnelle* des techniques qui peuvent être utilisées dans une conversation courante, dans un entretien sans que la technique utilisée paraisse être une technique.

Dans ce chapitre, nous examinerons les techniques suivantes : *cadrer, recadrer, décadrer.*

CADRER

Le *cadrage* est la présentation de la manière dont va se dérouler l'entretien, la formation.

Il consiste à définir un cadre pour l'action future.

L'intérêt d'établir le cadre est de définir des *limites* précises (sujet, horaire, objectif) et de pouvoir vérifier quand les participants sortent ou s'éloignent du cadre défini.

Le cadrage s'énonce de la façon suivante :
- pour ce séminaire, la façon dont nous allons travailler est...
- pour ce cours, notre manière de faire sera...
- cet entretien va se dérouler de la façon suivante : ...

Nous avons tous vécu des réunions où tout était traité sauf le sujet prévu, des rendez-vous qui débordaient. Poser le cadre permet d'entrée de jeu de définir le temps que vous désirez partager avec votre interlocuteur, la manière et le sujet que vous souhaitez aborder. Le cadrage permet aussi de répondre aux objections se présentant en début de formation, d'entretien et de négocier rapidement.

Une fois notre cadre défini, nous allons utiliser un outil : « *la question de pertinence* » pour maintenir le cap sur notre objectif.

La question de pertinence permet de faire comprendre à notre interlocuteur qu'il déborde du cadre ou s'éloigne de l'objectif.

« En quoi ce que vous dites est en relation avec notre sujet ? », ou : « Quel lien faites-vous entre ce problème et notre objectif ? »
Si la personne répond : « Il n'y a pas de lien direct, mais j'en parle parce que c'est intéressant pour... », vous pouvez lui rappeler le cadre et l'importance de s'y maintenir.

RECADRER

« Les choses ne changent pas,
tu changes ta façon de regarder, c'est tout. »

Castaneda

Recadrer, c'est avoir la capacité de restructurer positivement un événement qui apparaît négatif.

Le *recadrage* est un outil privilégié pour interroger rapidement une croyance négative et peut être utilisé pour nous-mêmes et dans nos relations.

Le recadrage personnel est une des clés de la réussite. L'art du recadrage ne consiste pas à se donner des prétextes ou des excuses, mais permet d'utiliser sa flexibilité pour donner un autre sens à une expérience. Car comme le soulignait Epitecte : « Ce ne sont pas les choses elles-mêmes qui nous gênent, mais les opinions que nous en avons. »

Prenez un instant pour écrire cinq pensées négatives sur vous-même, votre travail, votre réussite. Puis, trouvez une signification positive pour chaque pensée négative.

Exemple :

J'ai trop de travail.
R. – Cela me prouve que je réussis.

Le recadrage doit jaillir spontanément pour être vraiment actif dans la conversation. L'entraînement est donc indispensable pour permettre cette spontanéité.

1. Le recadrage dans la pratique du conseil (orientation, éducation)

Le conseil permet l'utilisation du recadrage afin de débloquer une situation, favoriser chez le lycéen ou l'étudiant un changement et une prise de conscience.

Le processus à utiliser est le suivant. Devant une demande problématique, ou peu définie, devant une situation présentée de façon négative ou figée, la stratégie du conseiller aura pour but d'amener le consultant à élargir ses choix, à apprécier la situation présente à sa réelle valeur.

Exemple :

« J'ai raté mon bac », et non pas : « Je suis un raté, ma vie est un échec. »

La pratique du recadrage va permettre d'installer de façon naturelle des *méta-positions*. La méta-position est la capacité à adopter un point de vue différent du nôtre par rapport à un événement.

Le recadrage va amener le sujet à reconsidérer ses points de vue sur son problème et favorise ainsi l'ouverture à d'autres conceptions, réflexions ou modèles du monde.

Il est parfois intéressant de proposer plusieurs recadrages.

Exemple :

Une étudiante annonce : « Je viens vous voir, mais je ne sais pas ce que je veux. »

Recadrage : « Ne pas savoir ce que l'on veut, c'est déjà savoir ce qu'on ne sait pas. »

Suite : « J'ai raté ce concours, je suis perdue et je n'ai vraiment aucune idée de ce que je pourrai faire ; d'ailleurs, j'ai envie de ne rien faire. »

Recadrage : « Le fait de ne plus avoir de repères précis permet souvent d'en trouver d'autres, et nous avons souvent besoin de "lâcher la vapeur", de nous reposer après un effort intense, cela est une étape indispensable pour repartir. »

2. Le recadrage en formation : savoir positiver le négatif

Pour le formateur, le recadrage est une technique permettant de transformer une remarque négative en une interrogation positive. La capacité au recadrage positif est une des clés de l'acte de formation.

Exemple :

> Cette formation m'ennuie, je n'apprends rien.

Recadrage : La curiosité est la clé de l'apprentissage, ou parfois nous avons l'impression de n'avoir rien appris à un niveau conscient, mais nous nous apercevons plus tard que notre inconscient a intégré de nouveaux schémas.

La question intérieure que doit se poser le formateur devant un participant présentant un comportement problématique ou agressif, est : « Quelle est la fonction positive de ce comportement pour la personne ? »

Par exemple, si une participante montre le besoin d'interrompre régulièrement le formateur ou les autres participants, la stratégie peut être de proposer une signification différente et positive à ce comportement parfois gênant.

Premier recadrage : « J'ai souvent remarqué que les gens qui ressentaient le besoin d'interrompre les autres étaient des personnes *spontanées*. »
L'incapacité à écouter, ou le désir de se faire remarquer, est transformé en une qualité : la spontanéité.

Deuxième recadrage : « Etre spontanée, c'est être à l'écoute de soi-même et de ses besoins pour savoir les exprimer. »

Troisième recadrage : « Savoir s'exprimer, c'est être capable de dire ce qu'on a à dire pour être entendu et écouté. »

Par ces trois recadrages successifs, la personne peut comprendre rapidement que l'important n'est pas d'interrompre l'autre, mais d'être entendu et écouté.

3. Le recadrage et l'apprentissage

Le formateur, enseignant ou conseiller, a pour rôle de générer de nouveaux comportements et de permettre à la personne d'avoir plus de capacités.

L'apprentissage, dans la structure scolaire habituelle, peut être lié à des souvenirs négatifs antérieurs. Il nous paraît important de positiver l'apprentissage à chaque session de formation, à chaque entretien, à chaque cours. Positiver l'apprentissage, c'est savoir offrir des recadrages positifs sur l'intérêt d'apprendre pour activer le désir de connaître.

4. Savoir recadrer les comportements « négatifs » en situation d'apprentissage

La PNL a pour postulat de base qu'il est préférable « d'utiliser » un comportement négatif, une attitude problématique, plutôt que de vouloir l'affronter directement. Quand un participant ou élève parle trop, chahute, montre une attitude désinvolte, ne s'intéresse pas à l'information présentée, ceci peut signifier plusieurs choses :

– que l'information est mal présentée, ou a peu d'intérêt : l'enseignant, le formateur doit modifier son comportement, s'adapter à la situation ;
– que signifie véritablement le comportement présenté, si nous l'examinons objectivement : « il a les pieds sur la table », et non pas « il se moque de moi ».

Nous savons, par exemple, que le fait de regarder en l'air ne signifie pas obligatoirement que l'élève est dans les nuages ou qu'il n'écoute pas, mais indique un accès visuel.

Voici quelques exemples de recadrage pour un comportement problématique :
– certains comportements semblent originaux, mais la véritable originalité ne se voit pas, elle se vit ;
– plus je veux paraître indépendant, plus j'ai besoin de l'autre pour montrer que je le suis ;
– il est facile de se distinguer, tout le monde peut le faire. Etre véritablement soi-même est difficile, peu de gens y arrivent.

L'art du recadrage va être de le présenter de façon naturelle en l'intégrant dans le contexte du moment.

Par exemple, si le séminaire porte sur la communication et qu'un participant présente un comportement particulièrement agité, le recadrage pourra être « nous savons qu'en matière de communication, certains croient que s'agiter, c'est communiquer », ou que « plus ils s'agitent, mieux ils communiquent ; mais vraiment, communiquer, c'est être congruent », ou « communiquer, c'est être extérieurement détendu et intérieurement actif ».

Pour un élève qui se présente en « se foutant de tout », nous recadrerons en disant : « Quelle chance, enfin quelqu'un d'indépendant. De nos jours, les élèves sont de tels moutons ! Ton indépendance est ta meilleure chance de réussite. »

DÉCADRER

La pratique du *décadrage* se présente comme l'art de la répartie, de l'esprit et de l'humour. Elle est ce jeu de mots que présentent les grands avocats ou les humoristes, véritable magie de la parole où l'art de changer le sens est porté à son apogée.

La technique du décadrage va être utilisée pour transformer la signification.

Elle comprend plusieurs procédures que nous allons examiner.

1. Redéfinir

consiste à utiliser un nouveau mot proche de celui employé par la personne, mais présentant d'autres significations ou implications.

Exemple : *Cette formation a pris du retard.*

Redéfinition : Cette formation n'a pas pris du retard, elle a été retardée.

Ce séminaire est trop cher.

Redéfinition : Peut-être, il doit présenter une très grande valeur.

2. Autoréflexif

consiste à appliquer les propos de l'affirmation à la personne qui l'énonce.

Exemple : « La formation ne sert à rien, je n'ai jamais lu d'études scientifiques qui montrent son utilité. »

– Connaissez-vous une étude scientifique démontrant la véracité de ce que vous énoncez ?

Exemple : La PNL est manipulative.
– N'êtes-vous pas en train d'essayer de me manipuler ?

3. Le contre-exemple

consiste à proposer un contre-exemple qui empêche la généralisation.

Exemple : Pour réussir, il faut être cultivé.
– Connaissez-vous des gens qui ont réussi sans être cultivés ?

Exemple : Je suis bête car je suis nul en maths, c'est grave à 16 ans.
– Avez-vous entendu parler d'Einstein ?

4. L'effet zoom

s'utilise pour changer la taille du cadre. L'image du zoom avant ou arrière donne une image claire du concept de découpage (fin ou large).

Exemple : Ce dossier est trop volumineux, c'est un véritable bottin.
– Vous trouvez ; il fait 62 pages (idée du découpage fin).

Exemple : Vous êtes en retard ce matin.
– J'ai exactement deux minutes de retard, je pense que nous pourrons les rattraper sur les huit jours de formation !

5. L'analogie

permet d'énoncer une relation analogue, mais présentant des applications différentes.

Exemple : Ce travail est nouveau, personne ne l'a jamais réalisé avant, je n'y arriverai jamais.
– C'est ce que pensaient certaines personnes au début de l'aviation, où faire voler un objet plus lourd que l'air était impossible.

6. Les conséquences

consistent à faire prendre conscience à la personne des conséquences de son comportement.

Exemple : Je n'arriverai à rien, je suis trop bête.
– Si vous croyez ça, vous allez vous le prouver en ratant ce que vous entreprenez.

Exemple : Je ne suis pas motivé pour ce travail.
– Que se passera-t-il si vous ne le faites pas ?

7. Les objectifs alternatifs

s'utilisent pour interroger la pertinence de l'énoncé, et amener la personne à une autre perspective.

Exemple : Je n'arrive pas à apprendre l'allemand.
– Le problème n'est pas d'apprendre l'allemand mais de vous adapter à votre nouveau poste.

Exemple : On m'a dit que j'étais trop paresseux pour réussir.
– Le problème n'est pas que vous soyez paresseux ; êtes-vous efficace ?

2 Un concept clé : les états positionnels

Nous désirons présenter dans ce chapitre une notion que nous considérons comme un élément clé de la PNL : *les états positionnels.*

Les états positionnels nous permettent d'expérimenter un événement en étant *associé* (1re position). Vous vivez alors l'expérience en vous-même, regardant par vos yeux, ressentant avec votre sensibilité.

En seconde position, vous pouvez imaginer comment une autre personne appréhende et vit une expérience. Vous vous mettez dans la peau de l'autre, vous devenez capable de vous « mettre à sa place ».

En troisième position, vous nous regardez, ou vous regardez les autres (agir, penser), vous êtes *dissocié.* Vous devenez un observateur objectif, un témoin.

La capacité à expérimenter les changements de position permet d'être en méta-position pour découvrir l'intention positive d'un comportement, pour modifier des émotions problématiques ou affronter un événement.

Prenez un instant pour repenser à un moment où vous avez rencontré des difficultés (situations de formation, cours, entretien) :
- revoyez la scène à partir de vos yeux (1re position) ;
- imaginez que vous devenez votre interlocuteur (2e position) ;
- imaginez que vous vous regardez agir, parler (3e position).

Quelles différences, quels changements percevez-vous en empruntant les positions 2 et 3 ?

Avez-vous toujours la même opinion sur ce moment ? En quoi est-il différent ? Réagissez-vous de façon identique quand vous vous imaginez en troisième position ? Que comprenez-vous de la relation quand vous vous situez en deuxième position ?

Objectifs

- devenir capable de passer de 1 à 2, à 3 dans un entretien, cours, formation ;
- pouvoir le réaliser à volonté.

Réaliser une position neutre et objective :

a) prenez un instant pour vous voir comme sur un écran de cinéma à la distance de votre choix ; regardez-vous de manière neutre, sans jugement ;

b) assis sur une chaise, ou dans un fauteuil, fermez les yeux et prenez le temps dont vous avez besoin pour imaginer que vous pouvez flotter tranquillement comme si vous deveniez plus léger. Commencez progressivement à vous percevoir dans le fauteuil. Continuez d'imaginer que vous vous élevez jusqu'à la distance de votre choix, et regardez-vous en bas, assis confortablement.

Puis revenez lentement à votre position associée. Répétez l'expérience jusqu'à la maîtrise parfaite.

3 Le changement : l'art d'avoir plus de choix

En partant de son postulat de base, la PNL considère que toute action thérapeutique ne change pas la réalité, mais modifie notre représentation de la réalité.

Le modèle du changement est la capacité à avoir plus de choix : plus de choix dans nos comportements, plus de choix dans nos stratégies cognitives.

ÊTRE FLEXIBLE

Nous savons en effet que l'incapacité à adopter un comportement différent pose souvent problème. Tel enseignant ne peut varier son attitude avec ses élèves et ne sait comment gérer l'agressivité. Tel formateur emploie toujours le même style et manque d'adaptabilité. Tel conseiller est démuni devant certaines demandes.

Le manque de flexibilité, c'est-à-dire la capacité à s'adapter à la situation et à l'autre, entraîne l'aspect rigide structurant la plupart des problèmes. La personne ne sait pas, ou ne peut pas faire autrement, elle répond comme un robot aux stimuli.

Devant une situation bloquée ou un problème, l'attitude efficace est de se poser la question : « Comment puis-je faire autrement pour atteindre mon objectif ? »

Il est utile de repérer quand nous commençons à entrer dans la problématique du « toujours plus de la même chose », révélatrice de l'inflexibilité.

Faire « toujours la même chose » se révèle le meilleur moyen pour ne pas changer ou débloquer la situation.

Parler de plus en plus fort pour couvrir le vacarme produit par l'auditoire en est un exemple. Croire qu'un élève qui ne réussit pas en maths doit travailler plus en est un autre.

CHANGER LA STRUCTURE

Devant une impasse, il ne suffit pas de changer le contenu de notre action, il faut changer sa structure.

Quel nouveau comportement puis-je adopter ? Quelles modifications stratégiques dois-je utiliser pour gagner en flexibilité ?

Si quelqu'un que vous admirez, ou un spécialiste, avait le même problème, comment ferait-il pour le résoudre ?

Si mon auditoire était composé de mille personnes, tenterais-je de parler plus fort qu'elles ?

Toute situation bloquée nous indique que nous devons *varier* notre comportement, que nous devons quitter l'habitude pour la créativité et la spontanéité. Devant un problème, trouvez au moins *trois manières* différentes de le résoudre.

CONCLUSION

La formation et l'éducation sont des milieux professionnels en pleine mutation. Les profils des professionnels de la communication changent. La capacité au changement et l'adaptabilité deviennent les outils indispensables à ces professions.

Savoir communiquer, c'est pouvoir créer le rapport pour rencontrer l'autre, c'est disposer de plusieurs choix pour créer le changement et non plus le subir.

Pouvoir contacter et développer nos propres potentialités, c'est ancrer la croyance d'un apprentissage de la réussite dans l'acte de formation.

BIBLIOGRAPHIE

AMBROSI J., *La Gestalt Thérapie,* Toulouse, Privat, 1984.

ANDREAS C. et S., *Change Your Mind and Keep the Change,* Utah, Real People Press, 1987.

ANDREAS C. et S., *Heart of the Mind,* Utah, Real People Press, 1989.

ARGYLE M., *Bodily communication,* Methuen & Co ltd, 1975.

ARGYLE M., COOK M., *Gaze and mutual Gaze,* Cambridge University Press, 1976.

BANDLER R., *Un cerveau pour changer. La PNL,* Paris, InterEditions, 1990.

BANDLER R. et GRINDER J., *The Structure of Magic,* Palo Alto, California, Science and Behavior Books, 1975.

BANDLER R. et GRINDER J., *Patterns of the Hypnotic Techniques of Milton Erickson,* tomes 1 et 2, Cupertino, California, Meta Publications, 1975 et 1977.

BANDLER R. et GRINDER J., *Frogs into Princes,* Utah, Real People Press, 1979.

BANDLER R. et GRINDER J., *Trance-Formations,* Utah, Real People Press, 1981.

BANDLER R. et GRINDER J., *Les secrets de la communication,* Montréal, Editions Le Jour, 1982.

BANDLER R. et MACDONALD W., *An Insider's Guide to Sub-Modalities,* Cupertino, California, Meta Publications, 1988.

BATESON G., *Vers une Ecologie de l'Esprit,* tomes 1 et 2, Paris, Le Seuil, 1977.

BATESON G., *La nature et la pensée,* Paris, Le Seuil, 1984.

BLOCH S., « Emotion ressentie, émotion recréée, *Sciences et Vie,* Hors série, n° 168, septembre 1989.

BRITT-MARI-BARTH, *L'Apprentissage de l'Abstraction,* Paris, Retz, 1987.

CAYROL A., DE SAINT PAUL J., *Derrière la Magie, la PNL,* Paris, InterEditions, 1984.

CHANGEUX J.P., *L'Homme neuronal,* Paris, Fayard, 1983.

CLEVELAND B., *Master Teaching Techniques,* Lawrenceville, GA, The Connecting Link Press, 1987.

CONDON W.S., « Une analyse de l'organisation comportementale », *in* COSNIER J. et BROSSARD A., *La communication non verbale,* Textes de base en psychologie, Delachaux et Niestlé, Paris, 1984.

CORRAZE J., *Les communications non verbales,* Paris, PUF, 1980.

COSNIER J. et BROSSARD A., *La communication non verbale,* Textes de base en psychologie, Paris, Delachaux et Niestlé, 1984.

DE LA GARANDERIE A., *Les profils pédagogiques,* Paris, Le Centurion, 1980.

DILTS R. *Roots of Neuro-Linguistic Programming,* Cupertino, California, Meta Publications, 1976.

DILTS R., GRINDER J., BANDLER R. et DELOZIER J., *Neuro-Linguistic Programming,* Cupertino, California, Meta Publications, 1980.

DILTS R., *Applications of Neuro-Linguistic Programming,* Cupertino, California, Meta Publications, 1983.

DILTS R., *Changing Belief Systems with NLP,* Cupertino, California, Meta Publications, 1990.

FINN E., Stratégies de communication, Québec, Editions de Mortagne, 1989.

FREY S., HIRSBRUNNER H.P., FLORIN A.-M., DAW W., CRAWFORD R., « Analyse intégrée du comportement non verbal dans le domaine de la communication », *in* COSNIER J. et BROSSARD A., *La communication non verbale,* Textes de base en psychologie, Delachaux et Niestlé, Paris, 1984.

GODIN J. et MALAREWICZ J., *Milton Erickson, de l'hypnose clinique à la psychothérapie stratégique,* Paris, ESF, 1986.

GRINDER M., *Righting the Educational Conveyor Belt,* Oregon, Metamorphous Press, 1989.

HALEY J., *Un thérapeute hors du commun : Milton Erickson,* Paris, Epi, 1984.

HALL E.T., *Au-delà de la culture,* Paris, Le Seuil, 1979.

HALL E.T., *La dimension cachée,* Paris, Le Seuil, 1971.

HAMPDEN-TURNER, *L'atlas de votre cerveau : les grandes voies du psychisme et de la cognition,* Paris, Les Editions d'Organisation, 1990.

JAMES T. et WOODSMALL W., *Time Line Therapy and the Basis of Personality,* Cupertino, California, Meta Publications, 1989.

JENSEN E., *Super Teaching,* California, Turning Point for Teachers, 1988.

JENSEN E., *Students Success Secrets,* New York, Barron's, 1989.

MALAREWICZ J.A., *La stratégie en thérapie ou l'hypnose sans hypnose de M.H. Erickson,* Paris, ESF, 1988.

MARC E., PICARD D., *L'Ecole de Palo Alto,* Paris, Retz, 1984.

MENAHEM R., « La voix et la communication des affects » dans : *Les émotions,* Neuchatel-Paris, Delachaux et Niestlé, 1989.

MUCCHIELLI R., *Communication et réseaux de communication,* Paris, ESF, 1971.

PIAGET J., « Les relations entre l'intelligence et l'affectivité dans le développement de l'enfant », dans : *Les Emotions,* Paris, Delachaux et Niestlé, 1989.

REGAN D., « Les émissions électriques du cerveau humain », *Pour la Science,* février 1980.

RIME E. et SHERER K., *Les émotions,* Neuchatel-Paris, Delachaux et Niestlé, 1989.

ROBBINS A., *Pouvoir illimité,* Paris, Robert Laffont, 1989.

ROGERS C., *La relation d'aide et la psychothérapie,* Paris, ESF, 1970.

ROGERS C., *Le développement de la personne,* Paris, Dunod, 1972.

ROSENFELD I., *L'invention de la mémoire,* Paris, Editions Eshel, 1989.

SHANNON C., *La théorie mathématique de la communication,* Paris, Retz, 1975.

SHEFLEN A.E., *Body language and social order,* Prentice-Hall, 1972.

TROCME-FABRE H., *J'apprends, donc je suis,* Paris, Les Editions d'Organisation, 1987.

VESTER F., *Penser, Apprendre, Oublier,* Paris, Delachaux et Niestlé, 1984.

WINKIN Y., *La nouvelle communication,* Paris, Le Seuil, 1981.

LEXIQUE

ANCRAGE : Technique pour déclencher une réponse conditionnée (en nous-même ou chez l'autre) en utilisant volontairement un stimulus (mot, image, geste, toucher, son).

ASSOCIÉ (état associé) : Vivre – ou revivre – une expérience. Dans l'état associé, nous regardons la réalité avec nos yeux.

AUDITIF : Se réfère à l'ouïe, à l'audition et au dialogue ou monologue intérieur.

CALIBRATION : Capacité de comparaison et de distinction entre les différents signes exprimés par l'interlocuteur (signes verbaux et non verbaux).

CHOIX : Possibilité d'adopter une option parmi trois présentées dans une situation.

CRITÈRE : Ce qui doit être impérativement satisfait pour vous ou les autres.

CROYANCE : Formée à partir de ce que la personne pense d'elle-même, des autres et du monde. La croyance est auto-prophétique et auto-réalisée.

DISSOCIÉ (état dissocié) : Capacité à voir un événement, ou à se voir agir, à se voir revivre une expérience.

ÉCOLOGIE : Point fondamental, envisageant l'inter-relation de tout comportement, tout changement, avec le système qui l'englobe ou d'autres systèmes.

FLEXIBILITÉ : Capacité à varier son comportement pour s'adapter à l'autre.

KINESTHÉSIQUE : Qui se réfère aux sensations corporelles et aux émotions.

MÉTA-POSITION : Capacité à considérer une situation sous différents angles, et avec différents points de vue.

MÉTA-PROGRAMMES : Ce sont nos filtres inconscients.

MODÈLE DU MONDE : Notre modèle du monde nous fait croire que nous percevons la réalité, alors que nous ne percevons que notre réalité.

PRÉDICATS : Verbes, adverbes et adjectifs permettant de définir quel est le système de représentation utilisé par la personne.

RAPPORT : Relation d'harmonie, de compréhension, de confiance.

RECADRAGE : Savoir donner un sens positif et différent à un événement, un problème.

RESSOURCES : Ce sont nos potentialités.

STRATÉGIE : Séquences des processus cognitifs nécessaires à la réalisation d'un comportement.

SUB-MODALITÉS : Les distinctions fines de chaque système sensoriel.

SYNCHRONISATION : Permet d'établir le rapport en rejoignant la personne dans son expérience subjective.

SYSTÈME DE REPRÉSENTATION : Nous nous représentons la réalité externe sous forme d'images, de sons, de sensations, d'odeurs et de saveurs.

FORMATION PERMANENTE EN SCIENCES HUMAINES
Collection fondée par Roger MUCCHIELLI
et dirigée par Lionel BELLENGER

Marc DOVERO - Elisabeth GREBOT

ENSEIGNER, FORMER CONSEILLER AVEC LA PNL

APPLICATIONS PRATIQUES

© 1992 ESF éditeur

3e tirage, 1995

ISBN 2.7101.1140.3

Le Code de la propriété intellectuelle n'autorisant, aux termes de l'article L.122-5, 2° et 3° a), que les « copies ou reproductions strictement réservées à l'usage privé du copiste et non destinées à une utilisation collective » et, d'autre part, que les analyses et les courtes citations dans un but d'exemple ou d'illustration, « toute représentation ou reproduction intégrale, ou partielle, faite sans le consentement de l'auteur ou de ses ayants droit, ou ayants cause, est illicite » (art. L.122-4). Cette représentation ou reproduction, par quelque procédé que ce soit, constituerait donc une contrefaçon sanctionnée par les articles L.335-2 et suivants du Code de la propriété intellectuelle.

TABLE DES EXERCICES

EXERCICE 1

SE FAMILIARISER AVEC LE QUADRUPLÉ « VAKO/G »

Codez le système sensoriel sollicité dans ces différentes expériences à l'aide du quadruplé « VAKO/G »
V : visuel – A : auditif – Ad : auditif digital – K : kinesthésique – O : olfactif – G : gustatif

EXPÉRIENCE DE LECTEUR

Quand je lis :

1. Je m'imagine et me figure la scène ....
2. Je ressens ce que vit le héros ....
3. Je subvocalise et je me parle ....
4. J'invente d'autres dialogues ....
5. J'imagine une fin moins triste ....
6. Je mets en musique le rythme de l'écriture de l'auteur ....
7. J'ai l'eau à la bouche ....
8. Je suis très sensible à la qualité du papier ....

EXPÉRIENCE D'ENSEIGNANT OU DE FORMATEUR

Quand je fais un cours ou un stage :

1. J'utilise des stabilos de couleurs différentes ....
2. Je montre souvent des diapos, des photos, des vidéos ....
3. Les participants expérimentent ....
4. Je parle beaucoup ....
5. Je mime très souvent ....
6. J'organise des jeux de rôles ....

© M. DOVERO, E. GREBOT, **Enseigner, former, conseiller avec la PNL**, ESF éditeur, Paris.

7. J'illustre à l'aide de schémas ....
8. Je dicte un résumé ....
9. J'essaie de dessiner ce que je dis ....
10. J'ai le trac lors du premier contact ....

STYLE D'ÉPELLATION OU D'ORTHOGRAPHE

Quand je cherche l'écriture d'un mot :

1. Je m'épelle le mot et j'entends si ça résonne bien ....
2. Je sens tout de suite si ça colle ....
3. Je teste si ça sonne faux ou juste ....
4. J'écris mentalement plusieurs orthographes possibles, je les compare et je choisis celle qui me semble être la bonne ....
5. Je vois le mot écrit de plusieurs façons ....

STYLE DE MÉMORISATION

Quand je m'oriente dans une ville :

1. Je me souviens des noms des rues inscrits sur le plan ....
2. Je me redis le nom des rues ....
3. Je me revois devant cette peinture qui m'avait ému ....

Corrigé page 33.

EXERCICE 2

APPRIVOISER LE QUADRUPLÉ « VAKO/G »

Cotez les propositions suivantes à l'aide du quadruplé « VAKO/G » et de ses codes.

Utilisez les codes V pour visuel, A pour auditif, Ad pour auditif digital, K pour kinesthésique, O pour olfactif et G pour gustatif.

Précisez si l'expérience est construite ou remémorée à l'aide des codes V^c, V^r, A^c.

Utilisez le code Kt lorsque l'expérience est tactile.

Repérez les synesthésies.

1. Imaginez-vous dans cinq ans ....
2. Etre à ses côtés est agréable ....
3. Sa situation est grave et désespérée ....
4. Sa voix porte et résonne ....
5. Envisageons de nouvelles perspectives ....
6. C'est une personne puante ....
7. Modulez vos ambitions ....
8. C'est une merveille, c'est éblouissant ....
9. Respirez la vie à pleins poumons ....
10. L'administration ne nous écoute pas ....
11. La colère des jeunes m'effraie ....
12. Cause toujours ! ....
13. Je ne vois pas les choses comme vous ....
14. C'est toujours le même refrain ....
15. On n'entend jamais le son de sa voix ....
16. Exprimez-vous distinctement ....
17. Regardez la réalité en face ....
18. Ecoutez-moi ....

© M. DOVERO, E. GREBOT, **Enseigner, former, conseiller avec la PNL**, ESF éditeur, Paris.

19. Il a les idées claires ....
20. Il se fait chahuter ....
21. Silence, on se tait ....
22. Eclaircissons l'objectif et clarifions nos points de vue ....
23. Il est collant, il est lourd ....
24. Il bavarde tout le temps et parle fort ....
25. Entendons-nous bien et accordons nos violons ....
26. J'imagine l'ameublement de cette pièce ....
27. J'ai un trac terrible, j'ai l'estomac dans les talons ....
28. La soie est agréable à porter ....
29. Ce parfum dégage une odeur insupportable ....
30. Avant, Paris sentait moins les gaz d'échappement ....
31. J'entends encore ses mots réconfortants ....
32. Il fait très froid dans cette pièce ....
33. J'ai admiré les couleurs pastels dans ce tableau ....
34. Ça a le goût de l'alcool mais ce n'est pas de l'alcool ....
35. J'ai déjà le goût à la bouche et j'en salive d'avance ....
36. Je me suis dit : tu as tes chances ....
37. Ces photos me rappellent celles que j'avais dans ma chambre lorsque j'étais adolescent(e) ....
38. Voyons loin, la perspective de l'Europe est proche ....
39. Ce paysage ressemble à la côte normande ....
40. Je ne supporte pas le papier de certains quotidiens ....
41. Ce dossier est lourd mais terriblement excitant ....

Corrigé page 33.

EXERCICE 3

JOUER AVEC LA GAMME DES MODALITÉS SENSORIELLES

Utilisez-vous tous les systèmes de représentation ?

Chaque formateur, enseignant ou conseiller utilise de façon privilégiée un ou deux systèmes de représentation. Les découvrir et les connaître permet de travailler ceux où l'on se sent le moins à l'aise. Un professionnel qui a pour tâche de communiquer avec un groupe, comme c'est le cas des formateurs et des enseignants, doit apprendre à jouer sur la gamme des trois systèmes de représentation les plus fréquemment utilisés, à savoir les systèmes visuels, auditifs et kinesthésiques. Voici quelques questions testant vos préférences et visant à développer votre flexibilité dans les trois systèmes de représentation.

– Quelles sont les aides visuelles que j'utilise face à un groupe : cartes, affiches, etc. ? Nommez-les :

....

....

....

– Quelles sont les aides auditives auxquelles je fais appel systématiquement ? Magnétophone, vidéo, etc. Nommez-les :

....

....

....

– Quelles sont les ressources kinesthésiques : tactiles, émotionnelles, gestuelles, que je sollicite fréquemment ?

....

....

....

© M. DOVERO, E. GREBOT, **Enseigner, former, conseiller avec la PNL**, ESF éditeur, Paris.

– Quelle est la dernière situation où j'ai combiné un support visuel, auditif et kinesthésique dans ma salle ?

....

....

....

– Repérez dans votre salle :

1. Les stimuli visuels :

....

2. Les stimuli auditifs :

....

3. Les stimuli kinesthésiques :

....

4. Les stimuli olfactifs ou gustatifs :

....

– Comment pourrais-je solliciter les différents systèmes de représentation au cours d'une activité à venir. Choisissez d'abord cette activité.

Déterminez le moment précis où vous allez solliciter :

1. Le système visuel :

....

2. Le système auditif :

....

3. Le système kinesthésique :

....

Nota : Cet exercice ne fait pas l'objet de corrigé.

EXERCICE 4

CALIBRER LES MOUVEMENTS OCULAIRES

Posez ces questions à une personne de votre entourage.

N'écoutez pas ce qu'elle répond. Regardez les mouvements de ses yeux.

Il est inutile de préciser à cette personne que vous apprenez à observer ses mouvements oculaires.

Notez les mouvements oculaires dans la figure située à côté de chaque question.

1. A quoi ressemblerait le petit d'une girafe et d'un ours ?

2. Peux-tu sentir l'odeur de ton savon préféré ?

3. Entendez-vous votre chanson favorite ?

4. Quelle est la première chose que tu as vu ce matin ?

5. Quel est le premier mot que tu as entendu ce matin ?

© M. DOVERO, E. GREBOT, **Enseigner, former, conseiller avec la PNL**, ESF éditeur, Paris.

6. Quelle est la première phrase que tu vas prononcer ce soir en rentrant ?

7. Ressens ce que tu éprouves lorsque tu prends un bain de soleil.

8. Qu'est-ce que serait *La Marseillaise* jouée au tuba ?

9. Quelle est ta sensation lorsque tu plonges ?

10. Quel est le goût d'un baba au rhum ?

11. Quelle sensation as-tu lorsque tu caresses un chat ?

12. Quelle sera la couleur de ta prochaine chemise ?

13. Entendez un chat qui miaule.

14. Ecoutez Higelin ou Halliday chanter *La vie en rose*.

15. Voyez les couleurs de l'arc-en-ciel.

16. Imaginez votre chambre peinte en rose.

17. Entendez le plus distinctement possible la voix de Georges Brassens.

18. Quel est le goût du citron vert ? Sentez-le.

19. Sentez une odeur de brûlé.

Corrigé page 34.

EXERCICE 5

IDENTIFIER LES MOUVEMENTS OCULAIRES ET LES PRÉDICATS

1. COTEZ LES MOUVEMENTS OCULAIRES CHEZ VOTRE INTERLOCUTEUR

V^r pour visuel remémoré
V^c pour visuel construit
A^r pour auditif remémoré
A^c pour auditif construit
A_d^i pour auditif digital interne
K pour kinesthésique

1 –

2 –

3 –

4 –

5 –

6 –

7 –

© M. DOVERO, E. GREBOT, **Enseigner, former, conseiller avec la PNL**, ESF éditeur, Paris.

2. IDENTIFIER LES MOUVEMENTS OCULAIRES ET LES PRÉDICATS

Rappelons que les mouvements oculaires permettent de repérer le système de représentation conducteur alors que les prédicats signalent le système de représentation principal du sujet.

Exemple : Une personne s'exprime avec des prédicats kinesthésiques dans la phrase : « je suis insensible », et ses mouvements oculaires peuvent être visuels. Dans cet exemple, nous coterons premièrement les mouvements oculaires (V) puis les prédicats (K) et nous noterons V → K.

1. Je me souviens de la couleur des couchers de soleil

. . . .

2. Je ne vois pas clairement la situation

. . . .

3. J'adore cette personne

. . . .

4. Je suis heureuse

. . . .

5. Je me dis que je devrais travailler

. . . .

6. Je le trouve froid

. . . .

Corrigé page 34.

EXERCICE 6

LE MÉTA-MODÈLE

Voici une série de 3 exercices sur le méta-modèle.

1. LES OMISSIONS

Parmi les phrases suivantes qui ne contiennent que des omissions, déterminez s'il s'agit :

- d'une omission simple : OM
- d'une omission comparative : OC
- d'un manque d'index de référence : MIR
- d'un verbe non spécifique : VNS

Mettez une croix dans la case correspondante à la distorsion du méta-modèle contenue dans la proposition.

	OMISSION SIMPLE	OMISSION COMPARATIVE	MANQUE D'INDEX DE RÉFÉRENCE	VERBE NON SPÉCIFIQUE
1. Je suis inquiet				
2. On ne sait pas				
3. Ça ne peut pas être pire				
4. C'est le meilleur				
5. Il a gagné				
6. Il a réussi				
7. On m'a dit que				
8. Il est silencieux				
9. Ça ne lui servira à rien				

© M. DOVERO, E. GREBOT, **Enseigner, former, conseiller avec la PNL**, ESF éditeur, Paris.

2. REPÉRER LES GÉNÉRALISATIONS

Cochez la case correspondante à la généralisation présente dans les propositions suivantes.

S'agit-il :

– de quantificateurs universels : QU
– d'opérateurs modaux de nécessité : OMN
– d'opérateurs modaux de possibilité : OMP
– d'une origine perdue : OP

	QUANTIFICATEUR UNIVERSEL : QU	OPÉRATEURS MODAUX		ORIGINE PERDUE
		NÉCESSITÉ	POSSIBILITÉ	
1. Ça ne se fait pas				
2. Il est toujours en retard				
3. Il faut réussir				
4. Il n'apprend jamais rien				
5. Il doit avoir le bac				
6. Il peut mieux faire				
7. Vouloir c'est pouvoir				
8. Tout le monde le pense				

3. LES DISTORSIONS

Cochez la case correspondant à la distorsion du méta-modèle présente dans les propositions ci-dessous :
Nominalisation → NOM
Lecture de pensée : LP
Cause-Effet : C → E
Equivalence Complexe : EQ =C

	NOM	LECTURE DE PENSÉE	C → E	EQ =C
1. La communication est bonne				
2. Il fait cela pour m'embêter				
3. il ne me sourit pas, je n'ai pas une tête qui lui revient				
4. La formation est un métier d'avenir				
5. Il me fait toujours la même erreur				
6. Je sais ce qu'en pense mon patron				
7. Nous voulons une revalorisation				
8. Ce stage m'angoisse				
9. C'est le printemps, il est plus gai				
10. Il me rend malade				

Corrigé page 35.

EXERCICE 7

AFFINEZ VOTRE ACUITÉ VISUELLE

Nous utilisons nos cinq sens, en permanence. Toutefois, nous avons tendance à utiliser plus fréquemment un sens ou à le privilégier. Notre sensibilité et notre acuité sensorielle sont inégalement performantes. L'objectif de cet exercice est, d'une part, de repérer le système sensoriel où l'on est le plus à l'aise et, d'autre part, de travailler les registres sensoriels dans lesquels nos performances sont laborieuses ou moins aisées.

1. ACUITÉ SENSORIELLE VISUELLE

L'exercice se pratique par groupe de trois personnes. Il nécessite comme matériel des supports visuels comme des images ou photographies de paysages, des cartes postales, des publicités, des portraits.

Le sujet observe, par exemple, trois images différentes de paysages.

Puis il répond, en l'absence du support visuel, aux questions du praticien.

Les questions du praticien peuvent ressembler à celle-ci : combien y a-t-il d'arbres ou de personnes sur les photographies représentant un paysage d'hiver ?

2. ACUITÉ SENSORIELLE KINESTHÉSIQUE

L'exercice se pratique à trois personnes. Il nécessite comme matériel : des pièces de monnaie, des stylos différents, des objets de bureau, des feuilles de papier.

Les exercices d'acuité sensorielle kinesthésique tactile se font les yeux fermés.

Exercice des pièces de monnaie

Le praticien propose au sujet six pièces de monnaie différentes, dans un certain ordre, deux fois de suite.

Le praticien propose ensuite au sujet les mêmes pièces dans un ordre différent. Le sujet doit identifier les différents objets et les différences dans l'ordre de présentation.

Nota : Cet exercice ne fait pas l'objet de corrigé.

© M. DOVERO, E. GREBOT, **Enseigner, former, conseiller avec la PNL**, ESF éditeur, Paris.

EXERCICE 8

EXERCICES DE CALIBRATION

Nous vous présentons trois exercices de calibration. Ils se pratiquent à trois personnes.

Dans un groupe de trois : une personne est le sujet ; une deuxième personne est le praticien : il guide l'exercice et calibre ; la troisième est l'observateur : il calibre en silence, il échange et conseille le praticien, il facilite l'apprentissage du praticien.

A la fin de chaque exercice, chaque personne change de rôle. Ainsi chacune d'entre elles expérimente les trois tâches.

CALIBRATION VISUELLE

L'exercice se pratique par deux. Il dure cinq minutes par personne.

Les deux personnes se mettent debout, face à face.

1. Le praticien observe bien le sujet. Le praticien tourne le dos au sujet. Pendant ce temps, le sujet modifie sur lui deux éléments observables comme par exemple l'emplacement de sa montre, la flexion d'un genou, ses lunettes, sa posture, son équilibre, etc.

   Le praticien doit découvrir et nommer les deux modifications.

2. Le praticien se retourne ou ferme les yeux. Le sujet modifie trois éléments sur lui. Le praticien découvre ces trois modifications.

3. Le sujet modifie quatre, puis cinq, puis six, puis sept éléments sur lui. Le praticien calibre les modifications et les différences observables sur le sujet.

4. Le sujet devient praticien. Le praticien devient observateur. L'observateur devient sujet.

CALIBRATION AUDITIVE

L'exercice se pratique par groupe de cinq personnes.

© M. DOVERO, E. GREBOT, **Enseigner, former, conseiller avec la PNL**, ESF éditeur, Paris.

1. Le sujet est assis et a les yeux fermés. Les quatre autres personnes proposent tour à tour au sujet un bruit.

* A   * Sujet   * D

* B   * C

A puis B puis C puis D propose chacun, deux fois, le *même bruit ;* par exemple le bruit de ses pas. A, B, C, puis D fait un aller et retour en marchant devant le sujet et en se nommant. Le sujet associe un bruit à une personne. Pour cela, le sujet garde les yeux fermés pour se concentrer sur la calibration auditive. Il est indispensable que les membres du groupe connaissent les prénoms de leurs partenaires d'exercices, sinon l'exercice se transforme en exercice de mémorisation des prénoms.

2. Les sujets A, B, C et D marchent tour à tour devant le sujet dans un ordre différent et sans se nommer. Le sujet doit reconnaître le bruit de pas donné dans le désordre. Il cherche à attribuer la cadence d'un pas à une personne A, B, C ou D.

3. Les personnes du groupe changent de rôle.

4. Exemples de bruits : le claquement de mains ou de doigts, des interjections, allô, bonjour, etc.

CALIBRATION KINESTHÉSIQUE

L'exercice se pratique par groupe de trois. Dix minutes par personne.

1. Le sujet pense à une situation, un souvenir ou une expérience *agréable.*

Le praticien calibre le rythme de la respiration, la couleur de la peau, l'attitude, la posture, les tics, la position des lèvres, etc.

Le praticien ramène l'attention du sujet ici et maintenant en lui posant quelques questions anodines : aimes-tu plutôt le thé ou le café ? Le praticien fait un état séparateur.

2. Le sujet pense à une situation, un souvenir ou une expérience *un peu désagréable.*

Le praticien calibre.

3. Le praticien parle de la pluie et du beau temps ou pose des questions anodines pour créer un état séparateur.

4. Le praticien demande au sujet de penser à l'un des deux souvenirs, soit l'expérience agréable soit le souvenir un peu désagréable.

5. Le praticien doit deviner s'il s'agit de la situation agréable ou désagréable.

6. Le sujet pense à l'un ou à l'autre des deux souvenirs. Le praticien devine.

7. Le praticien et l'observateur déterminent ensemble les éléments permettant de calibrer la situation numéro 1 ou 2.

8. Permutation des rôles.

Nota : Cet exercice ne fait pas l'objet de corrigé.

EXERCICE 9

RÉALISER L'OBJECTIF

Que manque-t-il aux objectifs suivants pour être vraiment des objectifs ?

1. Je veux que ce contrat réussisse. « Vous nous quittez, je ne connais pas votre successeur, mais s'il est comme vous, aucun problème. »
2. Je désire vraiment ne plus être au chômage, c'est pour cela que je fais cette formation.
3. J'accepte ce poste à l'étranger. Je m'habituerai.
4. Je suis prêt à tout pour réussir.
5. Mon objectif est de faire mes études de médecine et de travailler en même temps.
6. Mon objectif est que les participants à cette formation soient satisfaits.
7. Non, il n'y a aucun problème pour que j'atteigne cet objectif, c'est très facile.

Corrigé page 36.

© M. DOVERO, E. GREBOT, **Enseigner, former, conseiller avec la PNL**, ESF éditeur, Paris.

EXERCICE 10

SAVOIR ANCRER POSITIVEMENT

Que feriez-vous dans les situations suivantes ? Expliquez pourquoi, en pensant à l'ancrage.

1. Lors d'un premier rendez-vous, les deux personnes que vous devez rencontrer sont en train de discuter fébrilement. Que faites-vous ? Vous vous présentez en leur tendant une poignée de main ; vous repartez ; vous attendez en vous faisant remarquer discrètement ?

2. Vous êtes chargé de faire un exposé sur la sexualité dans une classe de quatrième. Où vous installez-vous pour parler aux élèves ?

3. Le premier jour d'un séminaire, un participant se montre particulièrement agressif. Le deuxième jour, il se rassied à la même place dans la salle. Que faites-vous ?

Corrigé page 36.

© M. DOVERO, E. GREBOT, **Enseigner, former, conseiller avec la PNL**, ESF éditeur, Paris.

EXERCICE 11

DIAGNOSTIC DE MOTIVATION

Repérez les filtres inconscients présents dans ces affirmations :

1. Je fais le cours car je crains des conséquences négatives si je ne le fais pas.	Evitement
2. J'ai besoin qu'on me complimente pour être un enseignant actif.	Référence externe
3. J'ai choisi ce métier parce que j'aime enseigner.	Possibilité Rapprochement
4. Comme je n'aime pas les groupes importants, je suis plus motivée avec douze personnes.	Evitement
5. J'aime conseiller les lycéens parce qu'ils sont souvent très mûrs.	Rapprochement
6. L'enseignement me convient, je suis souvent en congé.	Evitement
7. Je suis prof parce que j'ai raté HEC.	Obligation
8. Ce que disent mes collègues n'est pas important, je sais ce que je dois faire.	Référence interne

LES CLÉS DE LA MOTIVATION

Un étudiant, ou un participant à un séminaire, vous dit : « Quand je pense à ce que je dois faire, c'est vraiment le noir, je ne vois vraiment pas comment je vais m'en sortir avec cette montagne de travail. Plus j'y pense, plus je suis incapable d'agir. »

Comment pouvez-vous l'aider ? De quelles capacités a-t-il besoin ?

Corrigé page 37.

© M. DOVERO, E. GREBOT, **Enseigner, former, conseiller avec la PNL**, ESF éditeur, Paris.

EXERCICE 12

SAVOIR POSITIVER

Répondez le plus rapidement possible aux phrases suivantes, en les recadrant ou décadrant. Imaginez que vous parlez à un interlocuteur :

1. J'en ai marre d'étudier, ça ne sert à rien.
2. Je viens vous voir parce que je suis désespéré.
3. Ma vie est un échec, j'ai raté le CAPES.
4. Communiquer ne sert à rien, personne ne m'écoute.
5. Vous êtes en retard à notre rendez-vous.
6. Je ne comprends rien à votre exposé, je dois être bête.
7. Ce poste de formateur est vraiment épuisant.

Corrigé page 37.

© M. DOVERO, E. GREBOT, **Enseigner, former, conseiller avec la PNL**, ESF éditeur, Paris.

CORRIGÉS DES EXERCICES

CORRIGÉ DE L'EXERCICE 1

Expérience de lecteur

1 : V – 2 : K – 3 : Ad – 4 : A – 5 : V/K (synesthésie visuelle/kinesthésique) – 6 : A – 7 : O – 8 : Kt.

Expérience de formateur

1 : V – 2 : V – 3 : K – 4 : A – 5 : K – 6 : K – 7 : V – 8 : A – 9 : V/A (synesthésie visuelle/auditif) – 10 : K.

Style d'épellation ou d'orthographe

1 : A – 2 : K – 3 : A – 4 : V – 5 : V.

Style de mémorisation

1 : V – 2 : A – 3 : V/K.

CORRIGÉ DE L'EXERCICE 2

1 : V : visuel construit ; 2 : Kinesthésique ; 3 : Kinesthésique ; 4 : Auditif externe ; 5 : Visuel construit ; 6 : Olfactif ; 7 : Auditif ; 8 : Visuel ; 9 : Olfactif ; 10 : Auditif ; 11 : Kinesthésique ; 12 : Auditif ; 13 : Visuel ; 14 : Auditif ; 15 : auditif ; 16 : Auditif ; 17 : Visuel ; 18 : Auditif ; 19 : Visuel ; 20 : Kinesthésique ; 21 : Auditif ; 22 : Visuel ; 23 : Kinesthésique ; 24 : Auditif ; 25 : Auditif ; 26 : Visuel construit ; 27 : Kinesthésique ; 28 : Kinesthésique ; 29 : Olfactif externe ; 30 : Olfactif externe ; 31 : Auditif remémoré ; 32 : Kinesthésique ; 33 : Visuel ; 34 : Gustatif ; 35 : Gustatif ; 36 : Auditif interne digital ; 37 : Visuel remémoré ; 38 : Visuel ; 39 : Visuel remémoré ; 40 : Kinesthésique tactile ; 41 : Kinesthésique.

CORRIGÉ DE L'EXERCICE 4

1. Visuel construit
2. Olfactif
3. Auditif
4. Visuel remémoré
5. Auditif remémoré
6. Auditif construit
7. Kinesthésique
8. Auditif construit
9. Kinesthésique
10. Gustatif
11. Kinesthésique
12. Visuel construit
13. Auditif remémoré
14. Auditif construit
15. Visuel remémoré
16. Visuel construit
17. Auditif remémoré
18. Gustatif
19. Olfactif

Représentation schématique des mouvements oculaires

CORRIGÉ DE L'EXERCICE 5

1

1. Visuel remémoré
2. Kinesthésique
3. Auditif construit
4. Auditif remémoré
5. Visuel défocalisé
6. Auditif digital interne
7. Visuel construit

2

1. Visuel remémoré – Visuel
2. Kinesthésique – Visuel
3. Auditif digital interne – Kinesthésique
4. Visuel remémoré – Kinesthésique
5. Auditif digital interne – Auditif digital interne
6. Auditif remémoré – Kinesthésique

CORRIGÉ DE L'EXERCICE 6

1. Les omissions

soit :
OM pour omission simple ;
OC pour omission comparative ;
MIR pour manque d'index de référence ;
VNS pour verbe non spécifique.

1. Je suis inquiet : OS
2. On ne sait pas : MIR + VNS
3. Ça ne peut pas être pire : OC + MIR
4. C'est le meilleur : OC
5. Il a gagné : VNS + OS
6. Il a réussi : VNS + OS
7. On m'a dit que : MIR
8. Il est silencieux : OS
9. Ça ne lui servira à rien : MIR + VNS

2. Repérer les généralisations

Soit :

QU pour les quantificateurs universels ;
OMN pour les opérateurs modaux de nécessité ;
OMP pour les opérateurs modaux de possibilité ;
OP pour origine perdue.

1. Ça ne se fait pas : OP
2. Il est toujours en retard : QU
3. Il faut réussir : OMN
4. Il n'apprend jamais rien : 2 QU
5. Il doit avoir le bac : OMN
6. Il peut mieux faire : OMP
7. Vouloir c'est pouvoir : OMP
8. Tout le monde le pense : QU

3. Les distorsions

Soit :

NOM pour Nominalisation ;
LP pour Lecture de pensée ;
C-E pour Cause-Effet ;
EQ = C pour Equivalence Complexe.

1. La communication est bonne : NOM
2. Il fait cela pour m'embêter : C-E
3. Il ne me sourit pas, je n'ai pas une tête qui lui revient : EQ = C
4. La formation est un métier d'avenir : NOM
5. Il me fait toujours la même erreur : C-E
6. Je sais ce qu'en pense mon patron : LP
7. Nous voulons une revalorisation : NOM
8. Ce stage m'angoisse : C-E
9. C'est le printemps, il est plus gai : EQ = C
10. Il me rend malade : C-E

CORRIGÉ DE L'EXERCICE 9

1. Le critère manquant est : « de mon entière responsabilité » ; dans cet exemple, atteindre l'objectif ne dépend pas que de moi.
2. L'objectif n'est pas défini positivement : « travailler » et pas « ne plus être au chômage ».
3. Les effets de l'objectif ne sont pas pris en compte.
4. Réussir quoi ? L'objectif n'est pas défini précisément.
5. L'objectif est-il réaliste ?
6. L'objectif n'est pas de mon entière responsabilité.
7. Les effets de l'objectif ne sont pas examinés.

CORRIGÉ DE L'EXERCICE 10

1. Vous devez impérativement éviter d'associer votre présence à leur état d'agitation. Votre poignée de main pourrait ancrer votre présence à leur fébrilité, et être un handicap par la suite.
2. Evitez de reproduire la situation du cours magistral. Créez un espace différent.
3. Demandez-lui de changer de place, sa place est associée à son comportement. Modifier l'ancrage peut aider à modifier le comportement.

CORRIGÉ DE L'EXERCICE 11

1. Pouvoir visualiser

Vous pouvez lui demander de penser à la dernière fois qu'il a terminé un travail avec plaisir pour qu'il puisse se revoir.

Une autre possibilité est l'utilisation du chevauchement des systèmes de représentation pour l'amener à avoir des images, en partant par exemple de son ressenti.

CORRIGÉ DE L'EXERCICE 12

Pour cet exercice, les réponses sont données à titre d'exemple, vérifiez quelles sont vos réponses, et cherchez à en présenter plusieurs.

1. Vous souvenez-vous de votre enfance ? Chaque nouvel apprentissage était une découverte et un plaisir.
2. Vous n'avez plus d'espoirs, c'est merveilleux d'avoir pu lâcher toutes vos illusions !
3. Connaissez-vous le nouveau projet de loi ?
4. Que suis-je en train de faire ?
5. Une nouvelle d'une importance capitale m'est parvenue avant mon départ.
6. Votre vigilance est un signe d'intelligence.
7. Oui, c'est une expérience intense et totalement formatrice pour votre carrière.

Notes personnelles

PROGRAMME D'UNE AUTO-FORMATION

Nous vous proposons une formation individuelle. Vous progressez à votre rythme. Nous vous conseillons de suivre ce programme indicatif d'auto-formation car certaines séquences exigent la maîtrise des précédentes.

1

– Lisez le premier exposé. Il vous permet de connaître l'histoire de la Programmation Neuro-Linguistique et l'origine de ses présupposés théoriques.
– Lisez le chapitre 1 du premier exposé : le « VAKO/G ».
– Familiarisez-vous avec le quadruplé « VAKO/G » et ses codes. Faites l'exercice 1.
– Faites l'exercice 3 si vous êtes formateur ou enseignant.

2

– Lisez le chapitre 2 du deuxième exposé : les prédicats.
– Faites l'exercice 2.
– Lisez le chapitre 3 du deuxième exposé : les mouvements oculaires.
– Faites l'exercice 5.

3

– Lisez les chapitres 1 et 2 du troisième exposé.
– Faites les exercices de calibration et d'acuité sensorielle avec un partenaire.
– Dans votre activité professionnelle, fixez-vous l'objectif de calibrer chaque jour un registre particulier comme la posture, les caractéristiques des voix, la couleur de la peau, les mouvements oculaires, la respiration, l'inclination de la tête.

4

– Lisez le chapitre 3 dans l'exposé 3.
– Faites l'exercice sur les omissions du méta-modèle.
– Lisez les généralisations dans le chapitre 3.
– Faites l'exercice sur les généralisations.
– Lisez les distorsions dans le chapitre 3.
– Faites l'exercice sur les distorsions.
– Utilisez toutes les situations professionnelles pour repérer les violations sémantiques du méta-modèle.
– Exercez-vous, en situation d'entretien individuel, à utiliser les questions du méta-modèle.

5

– Lisez les chapitres 1 et 2 de l'exposé 4.
– Définissez un objectif que vous souhaitez atteindre à court terme.
– Définissez un objectif, repérer les situations limitantes actuelles et pratiques : technique d'actualisation de nos potentialités.

6 – Lisez le chapitre 1 de l'exposé 5.
– Auto-ancrez un état agréable.
– Utilisez la poignée de main pour ancrer le positif quand vous rencontrez une personne.
– Entraînez-vous à la technique : contrer l'objection.

7 – Lisez le chapitre 2 de l'exposé 5.
– Repérez votre stratégie d'auto-démotivation.
– Pratiquez la technique de motivation.

8 – Lisez le chapitre 3 de l'exposé 5.
– Repérez un état émotionnel limitant, modifiez-le en utilisant les techniques de changement par les sous-modalités.

9 – Lisez le chapitre 1 du sixième exposé.
– Entraînez-vous à pratiquer des recadrages positifs.
– Entraînez-vous à pratiquer des décadrages positifs.

10 – Lisez le chapitre 2 du sixième exposé.
– Entraînez-vous à pratiquer les différents états positionnels par rapport à des situations de votre vie.
– Pratiquez l'exercice : réalisez une position neutre et objective.

PROGRAMME D'UN SÉMINAIRE DE QUATRE JOURS

Session de 2 fois deux jours
avec de 15 à 20 stagiaires
Animation par deux animateurs dans une salle sans table

PREMIER MODULE : 2 JOURS

PREMIÈRE JOURNÉE

Matin :

– Accueil. Présentation des animateurs, des méthodes, des horaires, des jours de formation et des objectifs généraux du stage.

– Travail en petit groupe de trois sur les attentes et les objectifs des stagiaires.

– Réfléchir aux questions suivantes : comment avez-vous pris la décision de vous inscrire à ce stage-ci ? Que savez-vous de ce modèle PNL ? Combien de livres avez-vous lu ?

– Présentation individuelle devant l'ensemble du groupe.

– Exposé d'ouverture : La PNL : un modèle pragmatique.

Pause

Exposé : les présupposés de la PNL. Chaque présupposé permet de présenter l'évolution des conceptions de la communication, du fonctionnement du cerveau et des découvertes de la communication non verbale.

Déjeuner

Après-midi :

– Démonstration par les deux animateurs de l'exercice de calibration visuelle.

– Travaux pratiques en groupe de trois, un sujet, un praticien et un observateur.

– Retour en grand groupe : compte rendu des observateurs, puis des praticiens, puis des sujets.

– Démonstration de l'exercice de calibration auditive.

– Travaux pratiques en groupe de trois.

– Retour en grand groupe : partage d'expériences des observateurs, puis des praticiens puis des sujets.

Pause

– Exposé sur le VAKO/G.

– Exercice 2 en groupe de deux : Apprivoiser les codes du quadruplé « VAKO/G ».

– Exercice 3 : Jouer avec la gamme des modalités sensorielles.

– Evaluation de la journée.

DEUXIÈME JOURNÉE

Matin :

– Compte rendu des évaluations du jour précédent et présentation de la journée.

– Exposé sur les mouvements oculaires.

– Exercice 4, calibrer les mouvements oculaires, par groupe de trois.

– Démonstration par les animateurs de la différence entre calibrer les mouvements oculaires d'un élève et en donner une interprétation.

– Rapport des sous-groupes et échange d'expériences.

– Exposé sur les prédicats.

Pause

– Exercice 5 : identifier les mouvements oculaires et les prédicats de son interlocuteur par groupe de trois.

– Retour en grand groupe – échange d'expériences.

– Jeu de rôle des deux animateurs : dialogue de sourd entre un interlocuteur s'exprimant dans un registre sensoriel et l'autre se référant à un autre registre.

– Démonstration de l'exercice de calibration kinesthésique.

– Travaux pratiques en groupe de trois.

– Retour en grand groupe et échange d'expériences.

Déjeuner

Après-midi :

– Exposé théorique sur la calibration, la synchronisation et le rapport.

– Exposé théorique sur les omissions.

– Exercice sur les omissions en groupe de deux.

– Exposé sur les généralisations.

– Exercice sur les généralisations en groupe de deux.

Pause

– Exposé sur les distorsions.

– Exercice sur les distorsions en groupe de deux.

– Jeu de rôle entre deux personnes + un observateur.

Les sous-groupes choisissent une situation d'entretien conflictuel entre un parent d'élève et un professeur lors d'une remise de bulletins trimestriels, un chef d'établissement et un parent en colère, un conseiller et un jeune en désaccord avec l'avis du conseil, un formateur et un stagiaire mécontent. Le praticien doit mettre en pratique les apports des deux jours de formation.

– Evaluation de la journée.

– Présentation de la seconde session de formation.

DEUXIÈME MODULE : 2 JOURS

TROISIÈME JOURNÉE

Matin :

Ce que nous allons faire durant ce module :

– Où nous en sommes, réponses aux questions concernant le premier module.

– Exposé : l'ancrage : auto et hétéro-ancrage.

– Exercice en groupe : auto-ancrage d'une expérience agréable (vacances).

Pause

– Démonstration de l'hétéro-ancrage avec un volontaire.

– Exercice par binôme : apprendre à ancrer positivement un état ressource chez son partenaire.

– Permuter les rôles.

– Analyse des expériences en grand groupe.

Déjeuner

Après-midi :

– Exposé : les états positionnels et les ancrages géographiques.

– Démonstration du rôle des ancres géographiques dans les situations de formation.

– Exercice par groupes de trois : contrer l'objection (praticien, sujet, observateur).

– Permuter les rôles.

Pause

– Analyse des expériences en grand groupe.

– Démonstration de la technique de gestion du trac.

– Groupes de deux : pratique de la technique sujet-praticien.

– Permuter les rôles.

– Partage en grand groupe des expériences individuelles.
– Synthèse de la journée : ce que nous avons fait.

QUATRIÈME JOURNÉE

Matin :

– Rappel et résumé de la troisième journée.
– Exposé théorique : la définition d'objectif.

Pause

– Exercice en petits groupes : le jeu de fléchettes.
– Partage en grand groupe des apports de l'exercice et intégration.

Déjeuner

Après-midi :

– Exposé théorique : les pratiques conversationnelles de la PNL.
a) Le recadrage
– Exercice en petits groupes : le recadrage spontané.

Pause

– Exposé théorique : les pratiques conversationnelles de la PNL.
b) Le décadrage
– Exercice en petits groupes : le décadrage spontané.
– Analyse des problèmes rencontrés et échanges en grand groupe.
– Synthèse de cette journée, et de la formation.
– Evaluation du séminaire.

FICHE ÉVALUATION DE JOURNÉE

1. Que pensez-vous de la répartition : exposés théoriques-exercices pratiques ?
Très bien – Bien – Médiocre (entourez une réponse).

Vos suggestions :

2. Que pensez-vous des exposés théoriques ?

2.1 : Assez théoriques – Pas assez théoriques – Trop théoriques.
2.2 : Assez nombreux – Pas assez nombreux – Trop nombreux.

Vos suggestions :

3. Que pensez-vous des exercices pratiques ?

3.1 : Assez nombreux – Pas assez nombreux – Trop nombreux.
3.2 : Assez difficiles – Pas assez difficiles – Trop difficiles.

Vos suggestions :

4. Durant cette journée de formation, j'ai surtout aimé :

5. Je n'ai pas aimé et j'aurais souhaité :

6. Pour la prochaine journée de formation, j'aimerais :

BILAN DU STAGE

Utilisez les cinq rubriques suivantes pour évaluer chaque point de l'étoile ci-dessous.

5 – très satisfaisant
4 – satisfaisant
3 – moyen
2 – insuffisant
1 – très insuffisant

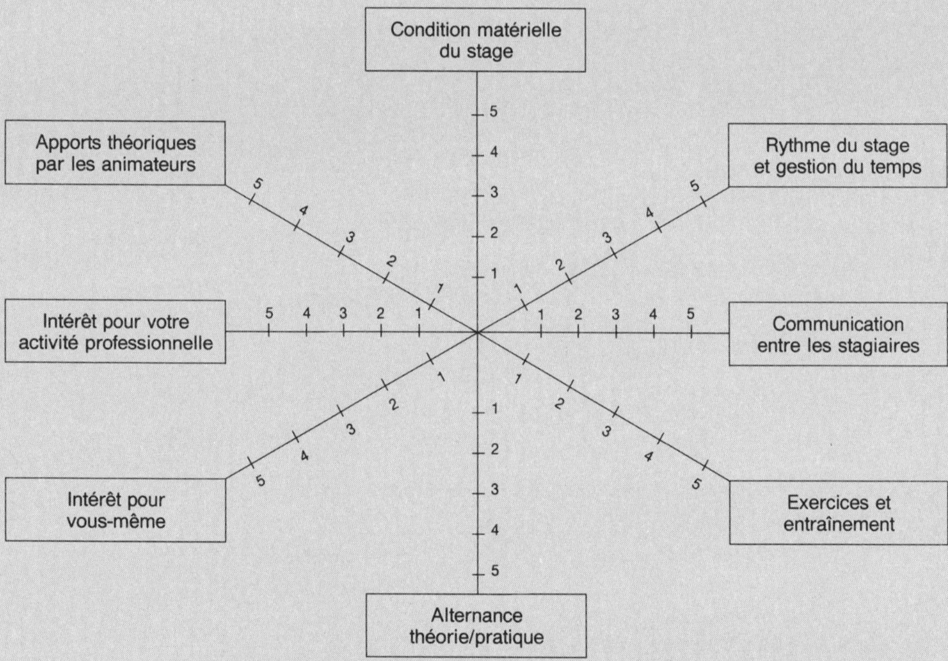

Justifications et remarques éventuelles :